ANTE EL VACÍO EXISTENCIAL

VIKTOR E. FRANKL

ANTE EL VACÍO EXISTENCIAL

Hacia una humanización de la psicoterapia

Herder

Título original: Das Leiden am sinnlosen Leben
Traducción: Marciano Villanueva
Diseño de la cubierta: Ambar comunicació visual

© 1977, *Viktor E. Frankl, Wien, Austria*
© 1980, 2003, *Herder Editorial, S.L., Barcelona*

1.ª edición, 12.ª impresión, 2019

ISBN: 978-84-254-1090-1

Imprenta: Sagrafic
Depósito Legal: 36.653-2010
Printed in Spain

Herder
www.herdereditorial.com

IN MEMORIAM LEO BAECK

1873-1956

ÍNDICE

EL SUFRIMIENTO DE LA VIDA SIN SENTIDO[1]

Cada época tiene sus neurosis y cada tiempo necesita su psicoterapia. En realidad, hoy no nos enfrentamos ya, como en los tiempos de Freud, con una frustración sexual, sino con una frustración existencial. El paciente típico de nuestros días no sufre tanto, como en los tiempos de Adler, bajo un complejo de inferioridad, sino bajo un abismal complejo de falta de sentido, acompañado de un sentimiento de vacío, razón por la que me inclino a hablar de un vacío existencial[2].

Tomemos una carta que me escribió un estudiante americano y de la que me limitaré a citar un par de frases: «Aquí, en América, me hallo rodeado por doquier de jóvenes de mi edad, que buscan desesperadamente un sentido a su existencia. No hace mucho murió uno de mis mejores amigos, porque no pudo descubrir este sentido.» Mis experiencias respecto de las universidades americanas —hasta el momento he pronunciado, sólo en los Estados Unidos, 129 conferencias, que me han proporcionado ocasión para entrar en contacto con los estudiantes— corroboran que los pasajes de la citada carta son representativos, en el sentido de que reflejan el estado de ánimo y el sentimiento de la vida predominantes en la actual juventud universitaria.

Pero no sólo en esta juventud. Por lo que hace a la generación de los adultos, me limitaré a remitirme a los resultados de las investigaciones llevadas a cabo por Rolf von Eckartsberg entre los ex alumnos de la Harvard University. Veinte años después de haber concluido los estudios universitarios, un notable porcentaje de ellos —que, mientras tanto, habían escalado posiciones acordes con su carrera y que, además, y de cara al exterior, llevaban un género de vida acomodado y feliz— se quejaban de un abismal sentimiento de vacuidad definitiva.

Y se multiplican los signos de que el complejo de vacuidad adquiere una creciente difusión. Su presencia es hoy atestiguada también por los colegas consagrados exclusivamente al ámbito psicoanalítico, incluidos los del campo marxista. Así, en un reciente encuentro internacional de psicoanalistas freudianos, todos ellos estuvieron de acuerdo en destacar que hoy día se ven cada vez más confrontados con pacientes cuyas dificultades dimanan esencialmente de un sentimiento de inconsistencia total que corroe sus vidas. Más aún, estos psicoanalistas llegaron incluso a aventurar la opinión de que, en no pocos casos de los llamados análisis inacabables, el tratamiento psicoanalítico en cuanto tal había acabado por convertirse, por así decirlo *faute de mieux*, en el único contenido de la vida de sus pacientes.

Por lo que hace al campo marxista, mencionaremos tan sólo el testimonio de Vymetal, antiguo director de la Clínica psiquiátrica de la Universidad de Olmütz (Checoslovaquia). Este autor —apoyándose en el testimonio de otros colegas, tanto de Checoslovaquia como de la República Democrática Alemana— llamó expresamente la atención sobre la presencia de la frustración existencial en los países comunistas y pidió nuevos planteamientos terapéuticos, para poder hacer frente a este fenómeno.

Habría que mencionar también, finalmente, a Klitzke, profesor americano invitado a dar algunos cursos en una universidad africana, que un informe recientemente publicado en el «American Journal of Humanistic Psychology» (con el título de *Students in Emerging Africa Logotherapy in Tanzania*) pudo confirmar que el vacío existencial se percibe claramente y se está imponiendo en el Tercer Mundo, sobre todo, y por lo menos, entre la juventud universitaria. Una indicación análoga debemos a Joseph L. Philbrick (*A Cross-Cultural Study of Frankl's Theory of Meaning-in-Life*).

Cuando se me pregunta cómo explico la génesis de este vacío existencial, suelo ofrecer la siguiente fórmula abreviada: Contrariamente al animal, el hombre carece de instintos que le digan lo que tiene que hacer y, a diferencia de los hombres del pasado, el hombre actual ya no tiene tradiciones que le digan lo que debe ser. Entonces, ignorando lo que tiene que hacer e ignorando también lo que debe ser, parece que muchas veces ya no sabe tampoco lo que quiere en el fondo. Y entonces sólo quiere lo que los demás hacen (¡conformismo!), o bien, sólo hacer lo que los otros quieren, lo que quieren de él (totalitarismo)[3].

Pero estas dos secuelas no deben inducirnos a pasar por alto una tercera. Me refiero a un neurotismo específico, a saber, a la presencia de lo que he designado como «neurosis noógena». Al contrario que la neurosis en sentido estricto, que presenta, por definición, una enfermedad psicógena, la neurosis noógena no se debe a complejos y conflictos en el sentido tradicional, sino a conflictos de conciencia, a colisiones de valores y, *last but not least*, a

11

una frustración existencial que algunas veces puede expresarse bajo la forma de sintomatología neurótica. Gracias a James C Crumbaugh, director de un laboratorio psicológico de Mississippi, disponemos también de un test (el llamado PIL o Purpose in Life-Test), elaborado por este autor con la finalidad específica de poder distinguir los diagnósticos de las neurosis noógenas de los de las psicógenas (puede pedirse a Psychometric Affiliates, Post Office Box 3167, Munster, Indiana 46321, EE.UU.), Tras haber valorado los datos obtenidos con ayuda de una computadora, llegó al resultado de que las neurosis noógenas presentan una sintomatología nueva, que desborda el marco de la psiquiatría tradicional no sólo desde el punto de vista del diagnóstico, sino también del terapéutico.

Respecto de la frecuencia de las neurosis noógenas, nos contentaremos con remitir a los resultados de las investigaciones estadísticas realizadas por Niebauer y Lukas en Viena, Frank M. Buckley en Worcester, Mass., EE.UU., Werner en Londres, Langen y Volhard en Tubinga, Prill en Wurzburgo, Popielski en Polonia y Nina Toll en Middletown, Conn., EE.UU. A tenor de los resultados concordantes de los tests llevados a cabo, debemos contar con un 20 por ciento de neurosis noógenas.

Últimamente, Elisabeth Lukas ha elaborado un nuevo test con la finalidad específica de llegar a un conocimiento más exacto de la frustración existencial, que incluía también la intención de descubrir posibilidades de acción no sólo terapéutica sino, llegado el caso, también profiláctica. Es el llamado «Logo-test» («Zur Validierung der Logotherapie», en Frankl, *Der Wille zum Sinn*, Hans Huber, Berna 1972).

Las estadísticas han demostrado que, entre los estudiantes americanos, el suicidio ocupa —a renglón seguido de los accidentes de tráfico— el segundo lugar entre las causas más frecuentes de defunciones. El número de *intentos* de suicidio (no seguidos de la muerte) es quince veces más elevado.

Me presentaron una notable estadística, referida a 60 estudiantes de la Idaho State University, en la que se les preguntaba con gran minuciosidad por el motivo que les había empujado al intento de suicidio. De ella se desprendía que el 85 por ciento de los encuestados no veían ya ningún sentido en sus vidas. Lo curioso es que el 93 por ciento gozaban de excelente salud física y psíquica, tenían buena situación económica, se entendían perfectamente con su familia, desarrollaban una activa vida social y estaban satisfechos de sus progresos en los estudios. En cualquier caso, no podía hablarse de una insuficiente satisfacción de necesidades. Todo ello contribuye a hacer aún más acuciante la pregunta de cuál fue la «condición de posibilidad» de estos intentos de suicidio, qué es lo que debe hallarse inserto en la *condition humaine* para que pueda llegarse a un intento de suicidio a pesar de la satisfacción de las necesidades más generales. El hecho sólo es explicable si se admite que el hombre tiende genuinamente —y donde ya no, al menos tendía originariamente— a descubrir un sentido en su vida y a llenarlo de contenido. Esto es lo que intentamos describir en la logoterapia con el concepto de motivación teórica de una «voluntad de sentido» (*Willen zum Sinn*). A primera vista podría parecer que se trata de una supravaloración del hombre, como si quisiéramos colocarlo sobre un alto pedestal. A este propósito, recuerdo siempre lo que una vez me dijo mi profesor de vuelo californiano: «Suponiendo que quiero volar hacia el Este mientras sopla un viento de costado del norte, mi avión se desviará hacia el sudeste. Si entonces pongo mi aparato rumbo hacia noreste, volaré de hecho en dirección este y aterrizaré donde quiero aterrizar.» ¿No ocurre lo mismo con el hombre? Si lo tomamos simplemente como es, lo hacemos peor. Si lo tomamos como debe ser, entonces lo convertimos en lo que puede llegar a ser. Pero esto no me lo dijo mi profesor de vuelo californiano. Esto es una sentencia de Goethe.

Sabemos bien que existe una psicología que se da a sí misma el título de «profunda». Pero ¿dónde está la «psicología elevada»; la psicología no de las «profundidades», sino de las «alturas»; la que incluye en su campo de visión la voluntad de sentido? En cualquier caso, no puede rechazarse la voluntad de sentido como un mero desideratum, como un «pensamiento desiderativo» (*wishful thinking*). Se trata más bien de una *self-fulfilling prophecy* (una profecía que tiende a autocumplirse), como llaman los americanos a una hipótesis de trabajo que lleva por sí misma a la realización de lo que al principio se entendía sólo como un proyecto. Los médicos vivimos esta experiencia día a día y hora a hora, en nuestras consultas. Así por ejemplo, cuando tomamos el pulso a un paciente y comprobamos que llega a 160. Si nos pregunta cuántas pulsaciones tiene y le decimos que 160, ya no le decimos la verdad, porque inmediatamente el enfermo se excita y llega a los 180 latidos. Si le decimos, por el contrario, que su pulsación es prácticamente normal, no le estamos engañando: respira con alivio y nos confiesa que había temido que se tratara de un ataque cardíaco pero que, al parecer, se trataba de un temor infundado. Y, en efecto, si ahora volvemos a medir sus pulsaciones, podemos comprobar que ha descendido a valores normales.

El ejemplo anterior establece de todos modos que es

perfectamente posible verificar, incluso desde un punto de vista meramente empírico, el concepto de voluntad de sentido. Aquí me limitaré a remitir a los trabajos de Crumbaugh y Maholick (*Ein psychometrischer Ansatz zu Viktor Frankls Konzept der «noogenen Neurose»*, en Nikolaus Petrilowitsch, *Die Sinnfrage in der Psychotherapie*, Darmstadt 1972) y de Elisabeth S. Lukas, que han desarrollado tests expresamente encaminados a cuantificar la voluntad de sentido. Se cuentan por docenas las disertaciones que han podido confirmar —basándose sobre todo en los tests mencionados— la teoría de la motivación de la logoterapia.

Es imposible entrar en el análisis de todas estas cuestiones dentro del espacio de que dispongo. Pero no puedo renunciar a introducir en el debate los resultados de las investigaciones llevadas a cabo por estudiosos que *no* son alumnos míos. ¿Quién podrá dudar de la voluntad de sentido —nótese bien, nada más y nada menos que de la motivación específicamente humana— cuando toma en sus manos el informe del American Council of Education, según el cual, entre 189 733 estudiantes de 360 universidades, el interés primordial del 73,7 por ciento consistía en «conseguir una concepción del mundo a partir de la cual la vida tuviera sentido»? De un informe del National Institute of Mental Health, se desprende que entre 7948 estudiantes de 48 colegios mayores, el grupo de cabeza (78 por ciento) quería «encontrar un sentido en sus vidas».

Lo que venimos diciendo es aplicable no sólo a los jóvenes, sino también a los adultos. El University of Michigan Survey Research Central llevó a cabo una encuesta entre 1533 trabajadores para averiguar la escala de valores con que medían su trabajo. La motivación de un buen salario figuraba en el quinto lugar de la encuesta.

El psiquiatra Robert Coles llevó a cabo la contraprueba confirmatoria: los trabajadores con los que tuvo ocasión de hablar se quejaban, en primera línea, de un complejo de vacuidad. Ahora podemos comprender que Joseph Katz, de la State University de Nueva York, profetizara que la próxima oleada de personal que entrara en la industria únicamente se sentiría interesada por profesiones que no sólo proporcionan dinero, sino que además dan un sentido a la vida.

Naturalmente, lo que más desea el enfermo es recobrar la salud y el pobre dinero («si alguna vez fuera rico», canta el lechero en *Anatevka*). Pero es indudable que los dos lo desean para dar a sus vidas *el sentido que quieren*, es decir, para poder llenar sus vidas de sentido.

Es bien conocida la distinción que ha establecido Maslow entre necesidades inferiores y superiores. Según él, la satisfacción de las necesidades inferiores es *conditio sine qua non* para poder satisfacer las superiores. Entre estas necesidades superiores enumera también la voluntad de sentido y llega tan lejos que la califica de «motivación primaria del hombre». Maslow cree que las cosas ocurren de modo que el hombre sólo da a conocer su exigencia de un sentido de la vida cuando todo le va bien («primero es la comida, después la moral» o, según el adagio latino, «primum vivere, deinde philosophare»). Pero, contra esta opinión, ocurre que nosotros (y no en último lugar nosotros los psiquiatras) tenemos ocasión de observar una y otra vez que la necesidad y la pregunta de un sentido de la vida llamea precisamente cuando todo va de mal en peor, Y así lo confirman tanto nuestros pacientes en su lecho de muerte como los supervivientes de los campos de concentración y de prisioneros de guerra.

De otra parte, la pregunta del sentido de la vida viene provocada no sólo por la frustración de las necesidades inferiores sino también, obviamente, por la *satisfacción* de dichas necesidades, por ejemplo en el marco de la «sociedad de la opulencia» (cf. pág. 35). No andamos descaminados si en esta aparente contradicción contemplamos una confirmación de nuestra hipótesis, según la cual la voluntad de sentido es una motivación *sui generis*, que ni puede reducirse a otras necesidades ni puede derivarse de ellas (aspecto empíricamente demostrado por Crumbaugh y Maholick y, respectivamente, por Kratochvil y Planova).

Nos sale aquí al paso un fenómeno humano que yo considero fundamental desde el punto de vista antropológico: la autotrascendencia de la existencia humana. Quiero describir con esta expresión el hecho de que en todo momento el ser humano apunta, por encima de sí mismo, hacia algo que no es él mismo, hacia algo o hacia un sentido que hay que cumplir, o hacia otro ser humano, a cuyo encuentro vamos con amor. En el servicio a una causa o en el amor a una persona, se realiza el hombre a sí mismo. Cuanto más sale al encuentro de su tarea, cuanto más se entrega a su compañero, tanto más es él mismo hombre, y tanto más es sí mismo. Así pues, propiamente hablando sólo puede realizarse a sí mismo en la medida en que se olvida a sí mismo, en que se pasa por alto a sí mismo. ¿No ocurre lo mismo con el ojo, cuya capacidad visiva depende de que no se ve a sí mismo? ¿Cuándo ve el ojo algo de sí? Sólo cuando está enfermo. Cuando padezco glaucoma, veo una nube, y entonces es cuando advierto la opacidad del cristalino. Cuando tengo un glaucoma, veo un halo de colores del arco iris en torno a las fuentes luminosas, lo que no es sino el glaucoma. Pero en esta misma medida disminuye la capacidad de mi ojo para percibir el entorno.

Éste es el momento de citar uno de los resultados parciales (de un total de 90) que debemos a la investigación empírica de la señora Lukas. Descubrió que entre los visitantes del célebre Prater de Viena, es decir, de un lugar de diversión, el nivel objetivado de frustración existencial era significativamente superior al de la media de la población vienesa (que, por su parte, mostraba valores sensiblemente iguales a las cifras medidas y publicadas por autores americanos y japoneses). Dicho de otra forma: las personas que buscan con particular ahínco el placer y las diversiones son aquellas en las que, en definitiva, había quedado frustrada su voluntad de sentido, o, para decirlo con palabras de Maslow, su tendencia «primaria».

Este tema me trae siempre a la memoria un chiste americano, en el que un hombre se encuentra en la calle con su médico de cabecera, que le pregunta por su salud. En el curso de la conversación, el paciente le dice que últimamente se veía aquejado de cierta sordera. «Probablemente bebe usted demasiado», le amonesta el médico. Al cabo de un par de meses vuelven a encontrarse en la calle y el médico se interesa de nuevo por la salud de su paciente. Para hacerse oír, alza un tanto la voz. «¡Ah!», dice éste, «no necesita hablar tan alto; ya oigo muy bien.» «Probablemente ha dejado de beber», le contesta el médico. «Eso es estupendo, siga así.» Al cabo de otro par de meses: «¿Qué tal le va?» — «¿Cómo dice?» «Le pregunto que cómo está usted.» Al fin, el paciente le entiende. «Pues... vea, otra vez vuelvo a oír mal.» «Probablemente ha empezado a beber de nuevo.» Y entonces, el paciente explicó todo el asunto: «Vea usted: al principio bebía y oía mal; luego dejé de beber y oía mejor; pero lo que oía no era tan bueno como el whisky.»

Podemos, pues, resumir: cuando falta un sentido de la vida, cuyo cumplimiento hubiera hecho feliz a una persona, ésta intenta conseguir el sentimiento de felicidad *mediante un rodeo*, que pasa por la química. De hecho, el sentimiento de felicidad no suele ser en circunstancias normales la meta de la tendencia humana, sino sólo un fenómeno concomitante de la consecución de su meta. Pero ocurre que este fenómeno concomitante, este «efecto», puede también «cazarse al vuelo». El alcohol es una de las posibilidades. B.A. Maki, director del Naval Alcohol Rehabilitation Center, constata: «In treating the alcoholic, we very often find that life has seemed to have lost meaning for the individual.» (En el trato con alcohólicos hemos descubierto muy a menudo que la vida parece haber perdido sentido para estas personas.) Una de mis alumnas de la United States International University de San Diego pudo aducir, en el curso de sus investigaciones —cuyos resultados resumió después en forma de disertación doctoral—, la prueba de que en el 90 por ciento de los casos crónicos de alcoholismo agudo por ella analizados aparecía un acusado complejo de vacío existencial: así se comprende aún mejor el hecho de que en el curso de una logoterapia de grupo llevada a cabo por Crumbaugh, para superar la frustación existencial, se consiguieran mejores resultados en los casos de alcoholismo que en el marco de los grupos de control que habían sido tratados con los métodos de la terapia convencional.

Lo mismo cabe decir, en términos análogos, de la esclavitud de las drogas. De creer a Stanley Krippner, en los drogadictos aparece el complejo de vacuidad en el cien por cien de los casos. Al preguntárseles si para ellos todo había dejado de tener sentido, la respuesta fue afirmativa, sin una sola excepción. Una de mis doctorandas, Betty Lou Padelford, pudo demostrar, siguiendo a Shean y Fechtman, que en los drogadictos la frustración existencial es más de dos veces más elevada que en el grupo de comparación. Y ahora podemos comprender también que Fraiser, director de un centro de rehabilitación de drogadictos de California, haya conseguido, al introducir la logoterapia, no la cuota media de éxitos del 11 por ciento, sino resultados que alcanzan hasta el 40 por ciento.

En este contexto habría que citar, finalmente, a los neozelandeses Black y Gregson, según los cuales los criminales muestran índices de frustración existencial considerablemente superiores a los de la media de la población. Concuerda con esto el hecho de que Barber haya conseguido entre los delincuentes juveniles llevados a su centro de rehabilitación de California y tratados con el método logoterapéutico resultados que hicieron disminuir el índice de reincidencias, situado en torno al 40 por ciento, a tan sólo un 17 por ciento.

Podríamos ahora avanzar un paso más y ampliar nuestras reflexiones y consideraciones a nivel planetario, es decir, podríamos preguntarnos si tal vez no esté resultando necesaria una reorientación en el campo de la investigación de la paz. De hecho, esta investigación viene centrándose desde hace años y día tras día en la problemática de los potenciales agresivos, ya se entiendan en el sentido de Sigmund Freud o en el de Konrad Lorenz. Pero, en realidad, en una y otra problemática no acabamos de rebasar el nivel de una dimensión subhumana; hasta ahora nadie ha osado iniciar la ascensión hasta las dimensiones humanas. Y, sin embargo, es en la dimensión de los fenómenos auténticamente humanos —única en la que podemos encontrar algo así como la voluntad de sentido— donde podría ponerse bien en claro que, en definitiva, es la frustración de esta misma voluntad de sentido, la frustración existencial y el cada vez más difundido complejo de vacuidad —nótese bien, no en el animal, sino en el hombre, en el nivel humano— los que fomentan la agresividad, si es que no son su fundamento primero. Tanto el concepto de agresión de base psicológica, en el sentido del psicoanálisis de Sigmund Freud, como el de base biológica, en el sentido de la investigación comparada del comportamiento de Konrad Lorenz, carecen de un elemento, a saber, del análisis de la intencionalidad, que es la que caracteriza el impulso vital del hombre en cuanto tal, en cuanto ser humano. En la dimensión de los fenómenos humanos no existe, sencillamente, la agresión que esté ahí, en una cantidad determinada, que presione por salir al exterior y me empuje a mí «como a su víctima desvalida», a dirigir la mirada a unos concretos objetos en los que, al fin, «descargar» la agresión. Por mucho que la agresión tenga una preformación biológica y un sustrato psicológico, a nivel humano puedo dejarla de lado, puedo hacer que se disuelva por superación (en el sentido hegeliano) en otra cosa totalmente diferente: a nivel humano yo *odio*. Y el odio, justamente en oposición a la agresión, está intencionalmente dirigido a algo, a lo que odio.

Odio y amor son fenómenos humanos porque son intencionales, porque el hombre tiene siempre motivos para odiar algo y para amar a alguien. Se trata siempre de una razón, apoyado en la cual el hombre actúa, y no sólo de una cansa (psicológica o biológica) que, «a sus espaldas», «por encima de su cabeza», tenga como consecuencia la agresividad y la sexualidad. Nos hallamos ante una causa biológica en el caso, por ejemplo, de los experimentos de W.R. Hess, en el marco de los cuales podía desencadenar accesos de furor en un gato mediante descargas eléctricas con unos electrodos colocados en los centros subcorticales del cerebro del animal.

Haríamos, por ejemplo, muy escasa justicia a los luchadores de la resistencia contra el nacionalsocialismo, si los consideramos como meras víctimas de un «potencial agresivo» que, más o menos fortuitamente, se habría dirigido contra Adolf Hitler. En el fondo, no combatían contra, él, sino contra el nacionalsocialismo, es decir, contra un sistema. No combatían una persona, sino un «objeto». Y, en el fondo, sólo somos realmente humanos cuando alcanzamos a ser, en este sentido, «objetivos». Sólo cuando a partir de esta objetividad somos capaces no sólo de vivir por una causa, sino también de morir por ella.

Mientras la investigación de la paz se limite a interpretar la agresividad como fenómeno subhumano y no extienda su análisis al fenómeno humano del «odio», estará condenada a la esterilidad. El hombre no dejará de odiar sólo porque se le explique y se le convenza de que está dominado por impulsos y mecanismos. Este fatalismo ignora por completo que, cuando soy agresivo, no cuentan los mecanismos y los impulsos que hay en mí, que pueda haber en mi «ello», sino que soy yo el que odio y que para esto no hay disculpas, sino responsabilidad.

A esto se añade que los discursos sobre las «potencialidades agresivas» llevan en sí la intención de canalizarlos y sublimarlos. Pero, como han podido demostrar algunos investigadores de la escuela de Konrad Lorenz, cuando se quiere dirigir la agresividad —por ejemplo a través de las pantallas de la televisión— a objetos inocuos sobre los que poder descargar su potencialidad, en realidad lo que se hace es provocarla y abrirle, como un reflejo, más amplio cauce.

Por lo demás, la socióloga Carolyn Wood Sherif informaba que es falsa la concepción popular de que las competiciones deportivas constituyen un sustituto de las guerras, sin derramamiento de sangre. Tres grupos de jóvenes, encerrados en un campamento, habían construido —y no destruido— agresiones entre sí a través de las competiciones deportivas. Pero lo inesperado se produjo más tarde: la única vez en que los recluidos en el campo dejaron a un lado sus mutuas agresiones fue cuando hubo que movilizar a los jóvenes para sacar a uno de los carros destinados al transporte de víveres del lodo fangoso en que había quedado embarrancado. Aquella «entrega a una tarea», fatigosa pero razonable, hizo que «olvidaran» literalmente sus agresiones.

Aquí es donde veo yo un fructuoso punto de partida para una investigación de la paz, y no en las interminables repeticiones de discursos sobre los potenciales agresivos, concepto con el que se hace creer a los hombres que la violencia y la guerra son su destino.

He analizado ya este tema en otro lugar (*Existentielle Frustration als ätiologischer Faktor in Fällen von aggressivem Verhalten*, en *Festschrift für Richard Lange zum 70. Geburtstag*, Walter de Gruyter, Berlín 1976). Me contentaré, pues, aquí, con remitirme a esta exposición y conceder la palabra a Robert Jay Lifton —experto internacional en este campo— que en su libro *History and Human Survival* ha escrito lo siguiente: «Los hombres se sienten inclinados a matar sobre todo cuando se hallan en un vacío de sentido.» De hecho, los impulsos agresivos parecen proliferar, y no en último término, allí donde se da un vacío existencial. Lo que se ha dicho de la delincuencia puede aplicarse también a la sexualidad. *Sólo en un vacío existencial prolifera la libido sexual.* Esta hipertrofia en el vacío aumenta la disposición a las reacciones sexuales neuróticas. Efectivamente, lo que antes se ha dicho sobre la felicidad y sobre su carácter de «efecto» no es menos válido respecto del placer sexual: *cuanto más se concentra uno en el placer, tanto más se le niega.* Basándome en una experiencia clínica de varios decenios, me atrevo a afirmar que las perturbaciones de potencia y orgasmo deben atribuirse, en la mayoría de los casos, a este esquema de reacción, es decir, al hecho de que la sexualidad queda distorsionada en la misma exacta medida en que es dominada por la intención preconcebida y la atención centrada en ella. Cuanto más se desvía la atención del compañero para fijarla en el acto sexual en sí, tanto más comprometido queda el mismo acto sexual. Observamos esto por ejemplo en todos aquellos casos en que nuestros pacientes masculinos se sienten interesados por demostrar ante todo, su potencia; o en los que nuestras pacientes femeninas tienen interés, ante todo, en demostrarse a sí mismas que son capaces, también ellas, de tener un orgasmo completo y que no son frígidas. Vemos una vez más que se trata de «atrapar» algo que normalmente es un «efecto», y que debe seguir siéndolo con tal que no se haya destruido antes.

Este peligro es tanto más amenazante cuanto que, ya de suyo, la sexualidad prolifera en mayor medida en el vacío existencial. En la actualidad nos enfrentamos con una inflación sexual que —como toda inflación, incluida la de la moneda— va acompañada de una devaluación.

De hecho la sexualidad está devaluada en cuanto que está deshumanizada. Y es que la *sexualidad humana es más que mera sexualidad*, y lo es en la medida en que —en un nivel humano— es vehículo de relaciones transexuales, personales (que, por supuesto, no se dejan encadenar al lecho de Procrusto, de clichés tales como «anhelos de objetivo perturbado» o «meras sublimaciones», sólo porque se prefiera negar la realidad en cuanto desborda el marco de las simplificaciones populares). Eibesfeldt ha podido demostrar que esta perturbación del funcionamiento de la sexualidad se produce no sólo a nivel humano sino también en el nivel subhumano. También la sexualidad animal puede ser algo más que mera sexualidad. Cierto que en este caso no se halla, como la humana, al servicio de relaciones personales; pero la copulación del mono americano zambo, por poner un ejemplo, sirve a un fin social, del mismo modo que, en términos generales, «los comportamientos sexuales de los vertebrados se hallan, bajo distintas formas, al servicio de la vinculación del grupo».

Redundaría incluso en el más genuino interés de aquellos cuya única preocupación es el placer y el goce sexual, que procurasen que sus contactos sexuales quedaran insertos en el ámbito de las relaciones con el compañero que desbordan lo meramente sexual, es decir, que procurasen ascender hasta un nivel humano. Ahora bien, en este nivel la sexualidad tiene una función de expresión: es expresión de una relación amorosa, de una «encarnación», de algo así como el amor o el estar enamorado. Uno de los resultados, y no ciertamente el de menos valor, extraídos de una encuesta llevada a cabo por la revista americana «Psychology Today» ha sido poner en claro que la sexualidad sólo proporciona felicidad cuando cumple las condiciones que se acaban de mencionar. De las 20 000 respuestas a la pregunta sobre qué era lo que más estimulaba la potencia y el orgasmo se dedujo que el estímulo más seguro era el «romanticismo», es decir, estar enamorado del compañero, si no ya simplemente: el amor a él.

Visto desde la perspectiva de una profilaxis de las neurosis sexuales, es deseable la máxima «personificación» posible de la sexualidad, no sólo respecto de la persona del compañero, sino también respecto de la propia persona. El desarrollo y madurez sexual normal del ser humano tiende a una creciente *integración* de la sexualidad en el entramado total de la persona. Desde aquí se ve claro que, a la inversa, todo *aislamiento* de la sexualidad se opone a todas las tendencias de integración y, por ende, fomenta las tendencias neurotizantes. La desintegración de la sexualidad —su exclusión del contexto transexual personal e interpersonal— significa una regresión.

Pero es justamente en estas tendencias regresivas donde la *industria del placer sexual* tiene su excepcional oportunidad, su singular negocio. Se impone la *danza en torno al cerdo de oro*. Visto, una vez más, desde la perspectiva de la profilaxis de las neurosis sexuales, el aspecto funesto se encuentra en la *presión a la consumación sexual* que surge de la *industria de la información*. Los psiquiatras sabemos a través de múltiples experiencias hasta qué punto nuestros pacientes se sienten incluso obligados, bajo la presión de una opinión pública manipulada por esta industria de la información, a interesarse por lo sexual en sí mismo, en el sentido de una sexualidad despersonalizada y deshumanizada. Pero los psiquiatras sabemos también cuánto ha contribuido todo esto a debilitar la potencia y el orgasmo. Quien considera que su salvación se encuentra en el refinamiento de una *técnica del «amor»*, este tal no hace sino tirar por la borda el resto de aquella espontaneidad, de aquella inmediatez, de aquella naturalidad y de aquella serenidad que son una el 11 condiciones y presupuestos de un comportamiento sexual normal, de que tan necesitados están precisamente los neuróticos sexuales. Todo esto no quiere decir que pretendamos mantener tabúes de ningún tipo o que tomemos posición contra la libertad de la vida sexual. Pero la libertad a que se refieren aquellos que tienen siempre en boca esta palabra es, en último extremo, la libertad de hacer negocios con ayuda de la llamada «información sexual». En realidad, no hacen sino atiborrar a los psicópatas sexuales y a los «mirones» con material para su fantasía. La información está bien. Pero tenemos que preguntarnos: información, ¿para quién? Y debemos informar a la opinión pública ante todo acerca del hecho de que no hace aún mucho tiempo, el propietario de un cine que pasaba preferentemente películas de las llamadas de «información sexual», declaró en una entrevista en la televisión que, con escasas excepciones, la clientela de sus filmes se componía de personas entre los 50 y los 80 años de edad... Todos estamos en contra de la hipocresía en la vida sexual. Pero debemos pronunciarnos también en contra de la hipocresía de los que dicen *libertad* pero piensan *dinero*.

Volvamos de nuevo al vacío existencial, al complejo de vacuidad. Freud estampó la siguiente frase en una de sus cartas: «...En el momento en que uno se pregunta por el sentido y el valor de la vida es señal de que se está enfermo, porque ninguna de estas dos cosas existe de forma objetiva; lo único que se puede conceder es que se tiene una provisión de libido insatisfecha.» Personalmente, me niego a creer esta afirmación. Considero que no sólo es específicamente humano preguntarse por el sentido de la vida, sino que es también propio del hombre someter a crítica este sentido. Es, sobre todo, un privilegio de los jóvenes declarar a la luz del día su mayoría de edad al plantearse en primer término el sentido de la vida. De hecho, hacen suficiente uso de este derecho (véase la nota 3).

Se dice que Einstein afirmó cierta vez que quien considera que su vida no tiene sentido no sólo es un desdichado, sino que apenas si tiene capacidad de vivir. De hecho, la voluntad de sentido incluye en sí algo de lo que la psicología americana designa como *survival value*. No fue ésta la menor de las lecciones que me llevé a casa de Auschwitz y Dachau: que los que demostraron tener mayor capacidad para sobrevivir incluso en aquellas situaciones límite eran los que estaban orientados hacia un futuro, hacia una tarea que les esperaba, hacia un sentido que querían cumplir. Más tarde, los psiquiatras americanos pudieron confirmar esta realidad con las experiencias de los campos de prisioneros de guerra japoneses, norcoreanos y norvietnamitas. Ahora bien, lo que es válido respecto de los individuos concretos, ¿no puede serlo respecto de toda la humanidad en su conjunto? ¿No deberíamos, en el marco de la llamada investigación de la paz, plantear la pregunta de si tal vez la única oportunidad de supervivencia de la humanidad se encuentra, en último extremo, en un sentido solidario?

La respuesta a esta pregunta no depende, naturalmente, sólo de los psiquiatras. Hay que dejarla abierta, pero al menos hay que planteársela. Y hay que planteársela, como ya hemos dicho, a nivel humano, único en el que podemos encararnos con algo parecido a la voluntad de sentido y a su frustración. Puede aplicarse, pues, desde la perspectiva de la *patología del espíritu del tiempo*, lo que sabemos de los individuos desde la perspectiva de la doctrina de las neurosis y de la psicoterapia: sólo una *psicoterapia rehumanizada* podrá hacer frente a la tendencia despersonalizadora y deshumanizadora que triunfa por doquier. ¿Cuáles fueron nuestras palabras iniciales? Cada época tiene *sus* neurosis, y cada tiempo necesita *su* psicoterapia. Llegados aquí, sabemos algo más: sólo la psicoterapia rehumanizada puede comprender los signos del tiempo, y sólo ella puede hacerse cargo de las necesidades de nuestra época. Pero, volviendo una vez más al complejo de vacuidad: ¿es que podemos acaso dar hoy un sentido al hombre existencialmente frustrado? Podemos darnos por contentos si al hombre de hoy no se le ha arrebatado ya este sentido en virtud de un adoctrinamiento reduccionista. ¿Puede fabricarse un sentido?

¿Pueden cobrar nueva vida las tradiciones perdidas y los perdidos instintos? ¿O estaba tal vez en lo cierto Novalis, cuando afirmó que no hay camino de regreso hacia la ingenuidad y que se ha desplomado la escalera por la que hemos venido ascendiendo?

Dar sentido tendría una finalidad moralizante. Y la moral, en su antiguo sentido, quedaría muy pronto agotada. A la corta o a la larga, dejamos de moralizar y ontologizamos la moral. El bien y el mal no se definirán en el sentido de algo que debemos o respectivamente no debemos hacer; el bien será lo que fomenta el cumplimiento del sentido impuesto y pedido a un ser, y consideramos malo lo que impide este cumplimiento.

El sentido no puede darse, sino que debe descubrirse. Este proceso del descubrimiento del sentido tiene como finalidad la percepción de una figura (*Gestalt*). Los fundadores de la psicología de la *Gestalt*, Lewin y Wertheimer, hablaban ya de un carácter de requerimiento, que aparece en cada una de las situaciones con que nos confronta la realidad. Wertheimer llegaba tan lejos que atribuía a cada requerimiento (*requiredness*) implicado en cada situación una cualidad objetiva (*objective quality*). Por lo demás, también Adorno dice: «El concepto de sentido envuelve a la objetividad más allá de todo hacer.»

Lo que caracteriza al descubrimiento de sentido, frente a la percepción gestáltica, es, a mi modo de ver, lo siguiente: Lo que se percibe no es simplemente una figura (una *Gestalt*) que salte ante nuestra mirada desde un «trasfondo», sino que en la *percepción-de-sentido* se trata del descubrimiento de una posibilidad desde el trasfondo de la realidad. Y esta posibilidad es en cada caso única. Es pasajera. Pero sólo ella es pasajera. Si esta posibilidad de sentido se realiza, se ha cumplido el sentido, y se ha cumplido para siempre.

El sentido debe descubrirse, pero no puede inventarse. Lo que se inventa o es un sentido subjetivo, un mero sentimiento de sentido, o un contrasentido. Se comprende, pues, que el hombre que no es capaz de descubrir un sentido en su vida, ni tampoco imaginárselo, se inventa, para huir de la maldición del complejo de vacuidad, o bien un contrasentido o bien un sentido subjetivo. Mientras que el primer caso se da en el escenario —teatro del absurdo— lo segundo acontece en el enajenamiento, sobre todo en el provocado por la LSD. Pero en esta embriaguez se corre el peligro de pasar por alto el verdadero sentido, las auténticas tareas que nos esperan fuera, en el mundo (en oposición a las vivencias de sentido meramente subjetivas, vividas dentro de uno mismo). Esto me trae al recuerdo los animales de experimentación a los que los investigadores californianos colocaron electrodos en el hipotálamo. Cada vez que se conectaba la corriente, los animales vivían un sentimiento de satisfacción, fuera del instinto sexual o del de la nutrición. Al final, aprendieron a conectar la corriente por sí mismos, pero ignorando qué compañero sexual real o qué comida real era lo que se les ofrecía.

El sentido no sólo debe sino que también puede encontrarse, y a su búsqueda guía al hombre la conciencia. En una palabra, la conciencia es un órgano del sentido. Podría definírsela como la capacidad de rastrear el sentido único y singular oculto en cada situación.

La conciencia es uno de los fenómenos específicamente humanos. Pero no es sólo humano, sino también demasiado humano, hasta el punto de que participa de la *condition humaine* y está marcada por su sello, la finitud. La conciencia también puede extraviar al hombre. Más aún: hasta el último instante, hasta el postrer aliento, el hombre no sabe si ha cumplido realmente el sentido de su vida o si más bien tan sólo ha creído haberlo cumplido: *ignoramus et ignorabimus.* Desde Peter Wust, «incertidumbre y riesgo van unidos». Por mucho que la conciencia pueda dejar sumido al hombre en gran incertidumbre respecto de la pregunta de si ha concebido y comprendido el sentido de su vida, esta «incertidumbre» no le exime del «riesgo» de obedecer a su conciencia o, cuando menos, de pararse a escuchar su voz.

Pero no sólo el riesgo forma parte de aquella «incertidumbre», sino también la humildad. El hecho de que ni siquiera en nuestro lecho de muerte sepamos si nuestro órgano del sentido, nuestra conciencia, ha sido o no víctima de un engaño, significa también que es la conciencia de los otros la que puede estar en lo cierto. Esto no quiere decir

Introducción

que no existe ninguna verdad. Sólo puede haber una verdad.
Pero nadie puede saber si es él y no otro el que la posee.
La humildad significa, por consiguiente, tolerancia. Pero tolerancia no quiere decir indiferencia. En efecto, respetar la
fe de los que opinan de otra manera no significa identifi-
carse con ella. Vivimos en una época de creciente difusión del complejo de vacuidad. En esta época, la educación ha de tender
no sólo a transmitir conocimientos, sino también a afinar la
conciencia, de modo que el hombre preste atento oído para
percibir el requerimiento inherente a cada situación. En
unos tiempos en que los diez mandamientos han perdido,
al parecer, su vigencia para tantas personas, el hombre tiene
que estar capacitado para percibir los 10000 mandamientos
encerrados en 10000 situaciones, con las que le confronta
su vida. Y esto no sólo hace que la vida le parezca de nuevo plena de sentido, sino que él mismo se inmuniza contra
el conformismo y el totalitarismo, estas dos secuelas del vacío existencial. Y es que sólo una conciencia despierta da al
hombre capacidad de «resistencia», de modo que ni se plie-
ga al conformismo ni se inclina ante el totalitarismo.

De una u otra manera, la educación es hoy más que
nunca una educación para la responsabilidad. Y ser responsable significa ser selectivo, ir eligiendo. Vivimos en
el seno de una *affluent society*, estamos sobresaturados de
incentivos a través de los *mass media* y nos hallamos en
la edad de la píldora. Si no queremos quedar sepultados
bajo esta oleada de incentivos, si no queremos hundirnos
en una total promiscuidad, entonces tenemos que apren-
der a distinguir entre lo que es esencial y lo que no lo es,
entre lo que tiene sentido y no lo tiene, entre lo que es
responsable y lo que no.

Sentido es, por tanto, el sentido concreto en una situación determinada. Es siempre «el requerimiento del momento». Pero este requerimiento está a la vez siempre dirigido a una persona concreta. Y del mismo exacto modo que cada situación concreta es singular, de este mismo modo es también singular cada persona concreta.

Cada día y cada hora espera, pues, con un nuevo sentido y a cada persona le aguarda un sentido distinto del de los demás. Existe, pues, un sentido para cada uno y para cada uno hay un sentido especial.

De todo lo dicho se desprende que el sentido de que aquí tratamos debe cambiar de situación en situación y de persona en persona. Pero está universalmente presente. No existe ninguna situación en la que la vida deje ya de ofrecernos una posibilidad de sentido, y no existe tampoco ninguna persona para la que la vida no tenga dispuesta una tarea. La posibilidad de cumplir un sentido es en cada caso única y la personalidad que puede realizarse es también, en cada caso, singular. En la literatura logoterapéutica se encuentran publicaciones de Casciani, Crumbaugh, Dansart, Durlak, Kratochvil, Lukas, Mason, Meier, Murphy, Planova, Popielski, Richmond, Ruch, Sallee, Smith, Yarnell y Young, de las que se desprende que la posibilidad de hallar un sentido en la vida no depende para nada del sexo, del coeficiente intelectual, del nivel de formación, es independiente de que sea religioso o no[4] y, si somos religiosos, de que abracemos esta o aquella confesión. Se ha podido demostrar, en fin, que el descubrimiento de un sentido es también independiente del carácter y del medio ambiente.

Ningún psiquiatra, ningún psicoterapeuta —incluidos los logoterapeutas— puede decir a un enfermo cuál es el sentido, pero sí puede decirle muy bien que la vida tiene un sentido, y más aún: que lo conserva bajo todas las condiciones y circunstancias, gracias a la posibilidad de descubrir un sentido también en el sufrimiento. Un análisis fenomenológico de la vivencia inmediata, no falsificada, tal como la podemos experimentar en el llano y sencillo «hombre de la calle», que lo único que necesita es ser traducida a una terminología científica, nos descubriría, efectivamente, que el hombre no sólo busca —en virtud de su voluntad de sentido— un sentido, sino que también lo descubre, y ello por tres caminos. Descubre un sentido, en primer término, en lo que hace o crea. Ve además un sentido en vivir algo o amar a alguien. Y también a veces descubre, en fin, un sentido incluso en situaciones desesperadas, con las que se enfrenta desvalidamente. Lo que importa es la actitud y el talante con que una persona sale al encuentro de un destino inevitable e inmutable. Sólo la actitud y el talante le permiten dar testimonio de algo de lo que sólo el hombre es capaz: de transformar y remodelar el sufrimiento a nivel humano para convertirlo en un servicio. Un estudiante de medicina de los Estados Unidos me decía en una carta: «No hace mucho murió uno de mis mejores amigos, porque no podía encontrar un sentido. Hoy sé que yo hubiera podido muy bien ayudarle, gracias a la logoterapia, si todavía estuviera en vida. Pero ya no lo está. Con todo, su muerte me servirá siempre para ayudar a cuantos sufren. Creo que no puede darse una razón más profunda. A pesar de mi tristeza por la muerte de mi amigo, a pesar de mi parte de responsabilidad en esta muerte, su existencia —y su "ya no ser"— tiene una excepcional significación. Si alguna vez poseo la fortaleza de dedicarme a la medicina y de estar a la altura de mi responsabilidad, entonces no habrá muerto en vano. Más que ninguna otra cosa quiero hacer esto en el mundo: procurar que nunca vuelva a ocurrir esta tragedia; que no le ocurra a nadie más.» No existe ninguna situación en la vida que carezca de auténtico sentido. Este hecho debe atribuirse a que los aspectos aparentemente negativos de la existencia humana, y sobre todo aquella trágica tríada en la que confluyen el sufrimiento, la culpa y la muerte, también puede transformarse en algo positivo, en un servicio, a condición de que se salga a su encuentro con la adecuada actitud y disposición. Y, sin embargo, se llega al vacío existencial. Y esto en el seno de un *affluent society* que no debería dejar insatisfechas ninguna de las necesidades que Maslow ha calificado de fundamentales. A esto cabalmente se debe que exista tal vacío, a que la sociedad de la opulencia sólo satisface necesidades, pero no la voluntad de sentido. «Tengo 22 años» —me escribió cierta vez un estudiante norteamericano—. «Poseo un título universitario, tengo un coche de lujo, gozo de una total independencia financiera y se me ofrece más sexo y prestigio del que puedo disfrutar. Pero lo que me pregunto es qué sentido tiene todo esto.»

La sociedad de la opulencia trae consigo una sobreabundancia de tiempo libre que ofrece, desde luego, ocasión para una configuración de la vida plena de sentido, pero que en realidad no hace sino contribuir al vacío existencial, tal como pueden observar los psiquiatras en los casos de la llamada «neurosis dominguera», que va, al parecer, en aumento. Así por ejemplo, mientras que en 1952 el Instituto de Demoscopia de Allensbach comprobaba que el número de personas para las que los domingos eran demasiado largos alcanzaba al 26 por ciento, hoy (1978) este número, llega al 37 por ciento. Se comprende así la afirmación de Jerry Mandel: «La técnica nos ha ahorrado el esfuerzo de emplear todas nuestras capacidades en la lucha por la existencia. Hemos desarrollado así un Estado del bienestar, que garantiza que puede hacerse frente a la vida sin esfuerzo personal. Cuando hayamos alcanzado el estadio en que, gracias a la técnica, bastará un 15 por ciento de la población americana para atender a las necesidades de toda la nación, nos enfrentaremos con dos problemas: quién ha de pertenecer a este 15 por ciento de los que trabajan y qué pueden hacer los demás con su tiempo libre... y con la pérdida del sentido de la vida. Tal vez la logoterapia tenga que decir a la América del próximo siglo más de lo que ya ha dado a la América del siglo actual.»

Por desgracia, la problemática, aquí y ahora, es diferente: no raras veces es el paro el que lleva a una sobreabundancia de tiempo libre. Ya en 1933 describí la sintomatología de una «neurosis de paro laboral». Sin trabajo, a las gentes les parecía que la vida carecía de sentido y se imaginaban incluso ser unos inútiles. Lo más oprimente no era la falta de trabajo en sí, sino el complejo de vaciedad existencial. El hombre no vive sólo del subsidio de desempleo.

Contrariamente a la experiencia de los años treinta, la crisis económica actual debe atribuirse a la crisis energética. Para espanto nuestro, hemos tenido que descubrir que las fuentes de energía no son inagotables. Espero que no se me achaque a frivolidad la afirmación de que la crisis energética y su inherente disminución del crecimiento económico ofrece una oportunidad única a nuestra frustrada voluntad de sentido. Tenemos la oportunidad de recobrar el sentido. En la época de la opulencia, la mayoría de las personas tenían lo suficiente para vivir. Pero eran muchos los que ignoraban para qué vivir. Ahora puede muy bien producirse un desplazamiento de acentos de los medios de vida al objetivo de la vida, al sentido de la vida. Y, al contrario de lo que ocurre con las fuentes de energía, este sentido es inagotable y omnipresente.

Ahora bien, ¿con qué derecho nos atrevemos a decir que la vida nunca deja de tener un sentido para todos y cada uno? Esta afirmación se basa en el hecho de que el hombre es capaz de transformar en servicio cualquier situación que, humanamente considerada, no tiene ninguna salida. De ahí que también en el sufrimiento se dé una posibilidad de sentido. Estamos hablando, por supuesto, sólo de situaciones inevitables e inamovibles que no admiten modificación, de sufrimientos que no se pueden eliminar. Como médico, pienso concretamente en las enfermedades incurables, en carcinomas que no admiten intervención quirúrgica.

Al cumplir un sentido, el hombre se realiza a sí mismo. Si cumplimos el sentido del sufrimiento, realizamos lo más humano del ser humano, maduramos, crecemos, crecemos más allá de nosotros mismos. Incluso cuando nos encontramos sin remedio y sin esperanza, enfrentados a situaciones que no podemos modificar, incluso entonces estamos llamados y se nos pide que cambiemos nosotros mismos. Nadie lo ha descrito con más exactas palabras que Yehuda Bacon, encerrado, cuando era todavía un niño, en el campo de concentración de Auschwitz y atacado, después de su liberación, de ideas obsesivas: «Estaba viendo unos funerales, con un magnífico féretro y música, y me eché a reír. ¡Están locos! ¡Por un solo cadáver arman tanto alboroto! Cuando iba a un concierto o al teatro, tenía que calcular cuánto tiempo se necesitaría para exterminar en las cámaras de gas a la gente allí reunida y cuántos vestidos, dientes de oro y sacos de pelo se podrían obtener.» Y a continuación se preguntaba Yehuda Bacon qué sentido podían tener los años que tuvo que pasar en Auschwitz: «Cuando era niño, pensaba contar al mundo lo que había visto en Auschwítz, con la esperanza de que este mundo cambiara al fin. Pero el mundo no ha cambiado, el mundo no quería saber nada de Auschwitz. Sólo mucho más tarde he llegado a comprender el auténtico sentido del dolor. El sufrimiento tiene sentido si *tú mismo* te cambias en otro.»

FREUD, ADLER Y JUNG

Enfrentarse con la tarea de hablar de la contribución de la psicoterapia a la imagen del hombre de hoy significa enfrentarse con una elección, es decir, la elección de abordar una exposición básicamente histórica o bien básicamente sistemática. Y esta elección lleva en sí su propio tormento, porque en el caso concreto de la exposición sistemática tendríamos que desarrollar de hecho una polisistemática. Al estado actual de los conocimientos y métodos psicoterapéuticos se le puede aplicar, mejor que a ningún otro campo, una variante de la vieja sentencia, que sonaría así: *Quot capita tot systemata.* Dicho de otra forma, sería empresa inabarcable pretender analizar aquí siquiera los más importantes sistemas psicoterapéuticos hoy en circulación. Paso por alto que tal intento exigiría de mis lectores una paciencia casi sobrehumana; y aún más que esto: supondría una infravaloración de los conocimientos de psicoterapia que ya poseen.

Ante tal dilema, he adoptado la decisión de no proceder ni histórica ni sistemáticamente, sino de dar a la conferencia un sesgo crítico. Pero también respecto de esta crítica ocurre que ni puede limitarse a uno solo de los grandes sistemas, ni tampoco puede extenderse al contenido total de cada uno de ellos. Lo único que vamos a intentar, por consiguiente, es descubrir un común denominador en el sentido concreto de poner de relieve una fuente de peligros y errores que es común a todos los sistemas. Confío en que, a medida que avance mi exposición, se irá poniendo en claro que el psicologismo dinámico es una de las más importantes fuentes de peligros y errores inherentes a la actual psicoterapia. Menos que nadie consiguieron mantenerse a salvo de todo psicologismo, y ni siquiera de actuar con libertad frente a él, los tres clásicos de la sistemática psicoterapéutica, Freud, Adler y Jung. Teniendo en cuenta el hecho de que la psicoterapia actual se apoya sobre las tres columnas del psicoanálisis, de la psicología individual y de la psicología analítica, parece aconsejable iniciar nuestra exposición —a pesar de las dudas antes mencionadas— pasando revista a estos tres campos de la psicología.

Todos sabemos bien que Freud fue «el» pionero total y absoluto en el campo de la psicoterapia y estamos de acuerdo en que fue una personalidad con aspectos auténticamente geniales. Si se me pidiera que hiciera, como quien dice, sobre la marcha, un rápido esbozo de la doctrina de Freud, diría que fue mérito suyo haber planteado el problema del sentido, aunque no en los mismos términos que nosotros y aunque, desde luego, no dio ninguna respuesta a esta pregunta. Al planteárselo, actuó dentro del espíritu de su tiempo, en un doble aspecto: primero en el aspecto material, en cuanto que era prisionero del espíritu de su tiempo, de la llamada cultura de crespón victoriana, por un lado mojigata y por otro lúbrica. Segundo, en el aspecto formal, en cuanto que sus concepciones se apoyaban en un modelo mecánico que no era ni un ápice más idóneo sólo porque se le llamara (eufemístícamente) dinámico.

Freud se dedicó de forma especial a la tarea de interpretar el sentido de los síntomas neuróticos, lo que le impelió a profundizar en la vida inconsciente del alma, descubriendo así nada más y nada menos que toda una dimensión del ser psíquico. Que nosotros, más tarde, hayamos alcanzado a ver y conocer en el ámbito del «inconsciente» algo más que meros instintos, que, por encima de todo lo instintivo inconsciente hayamos podido comprobar la existencia de algo así como un inconsciente espiritual, de una espiritualidad inconsciente y hasta de una fe inconsciente (Viktor E. Frankl, *La presencia ignorada de Dios. Psicoterapia y religión*, Editorial Herder, Barcelona 2011), todo esto pertenece a otra página y no disminuye en nada el mérito histórico que tributamos a la obra y a la doctrina de Freud.

Para Freud, el sentido de los síntomas neuróticos era inconsciente no sólo en el sentido de «olvidado», sino en el de «reprimido», es decir, se trataba de un sentido que había sido desplazado hacia lo inconsciente, debido a que todo cuanto pasaba a esta región, es decir, todo cuanto se tornaba inconsciente o se hacía que lo fuera, era siempre algo desagradable e inaceptable. Ahora bien, los correspondientes contenidos de la conciencia eran inaceptables o desagradables medidos según el sistema de coordenadas de la mencionada cultura de crespón victoriana de que hemos hablado antes. Se comprende así que para aquellos tan mojigatos pacientes de finales de siglo la primera preocupación debería ser reprimir o desplazar lo sexual. Aquí no pretendemos ignorar que el ámbito del concepto de sexualidad es, en el psicoanálisis, por un lado mucho más amplio que el de lo genital y, por otro, mucho más restringido que el concepto de libido acuñado por Freud.

Para el psicoanálisis, la neurosis tiende en definitiva a un compromiso, a un compromiso entre los instintos conflictivos entre sí o entre las exigencias de diversas instancias intrapsíquicas, tales como las que el psicoanálisis llama ello, yo y super yo (o superego). También es, en esencia, un compromiso lo que Freud llamó «actos fallidos» y lo mismo cabe decir, en definitiva, de la esencia del sueño. Así, por poner un ejemplo, cuando un nacionalista afirmaba que en uno de aquellos tristemente célebres establecimientos eutanásicos se «aniquilaba» —por «se alimentaba»[6]— a los pacientes. O cuando un político socialista hablaba —y yo fui testigo del caso— de «remedios contra la condenación» por «remedios contra la concepción» (anticonceptivos). Es evidente que en ambos casos se impuso algo que había sido víctima de represión o que cuando menos había sido condenado a ello.

Por lo que hace al sueño, el compromiso se produce en virtud de la llamada censura del sueño. Es mérito de Max Scheler haber sido el primero que llamó la atención sobre este punto flaco del psicoanálisis, es decir, sobre la aporía de este concepto, que consiste en que la instancia que reprime, censura y sublima, no es algo que pueda deducirse de los instintos, que son los que proporcionan el qué de lo reprimido, y que, por consiguiente, no pueden ser por sí mismos el quién de la represión. Tengo por costumbre explicar claramente este aspecto a los asistentes a mis conferencias, con la comparación de que hasta ahora nunca se ha visto que un río haya construido su propia presa.

El psicoanálisis se ha hecho culpable de una limitación del campo visual no sólo respecto de la «genealogía de la moral», que se pretende explicar como un apoyo para la represión de lo instintivo, sino también respecto de la teleología que impera en el ser psíquico, tanto más cuanto que presupone que el principio de la homeostasis, tomado de la biología, es válido siempre primero en el ámbito de la naturaleza y luego también en el de la cultura. En definitiva, y en términos estrictos, esto significaría tanto como que el hombre está destinado o permite que se le destine «a dominar y llevar a término el cúmulo de incentivos, las excitaciones y estímulos que descargan sobre él desde dentro y desde fuera» y que «para esto sirve el aparato anímico» (S. Freud, *Obras completas*, volumen XI, pág. 370 de la edición alemana). «Las líneas básicas de la motivación admitidas por Freud están concebidas en términos homeostáticos, es decir, Freud explica toda actuación como puesta al servicio del restablecimiento del equilibrio destruido. Con todo, esta hipótesis de Freud, tomada de la física de su tiempo, y según la cual la única tendencia básica primaria del ser vivo sería la distensión, la descarga de una tensión, es sencillamente inexacta. El crecimiento y la reproducción son procesos que contradicen a la explicación basada únicamente en el principio homeostático» (Charlotte Bühler, *Psychologische Rundschau*, tomo 8/1, 1956). Es decir, ni siquiera dentro de la dimensión biológica tiene vigencia el principio de la homeostasis, y no digamos nada del ámbito psicológico-noológico: «El creador» —por mencionar un ejemplo— «pone su producto y su obra en una realidad positivamente concebida, mientras que el impulso al equilibrio del que se acomoda a la realidad es concebido en términos negativos» (loc. cit.). También Gordon W. Allport adopta una actitud polémica y crítica respecto del principio de la homeostasis: «La motivación es considerada como un estado de tensión, que nos incita a buscar el equilibrio, la paz, la adaptación, la satisfacción y la homeostasis. En el marco de esta concepción del hombre la personalidad no es otra cosa que el modo y manera de disminuir nuestras tensiones. Por supuesto, esta concepción se concilia a la perfección con la visión, subyacente a todo empirismo, según la cual el hombre es básicamente una esencia pasiva que recibe impresiones única y exclusivamente desde el exterior y reacciona única y exclusivamente a ellas.

Y esto puede ser muy acertado cuando se trata de adaptaciones oportunistas, pero no lo es de ningún modo cuando se trata de la esencia de la tendencia auténticamente humana, cuya característica propia es que no está de ninguna forma orientada al equilibrio ni a la disminución o anulación de tensiones, sino más bien a lo contrario, es decir, al mantenimiento de tensiones.»

En oposición a Sigmund Freud, Alfred Adler desborda ampliamente el campo de lo psicológico, puesto que comienza por apoyarse en lo biológico bajo la forma de «inferioridad orgánica», que, como hecho somático, lleva al «complejo de inferioridad» como reacción psíquica, no sólo respecto de una inferioridad orgánica, sino también como reacción frente a lo enfermizo, lo débil y lo odioso. El complejo de inferioridad provoca a su vez su compensación, sea en el marco de la comunidad o de su correspondencia psíquica, el «sentimiento comunitario» —a partir de aquí se advierte ya que, desbordando lo biológico, se incluye siempre un factor sociológico— sea que se llegue a una sobrecompensación del complejo de inferioridad más allá de la comunidad, lo que, a tenor de la teoría psicológico-individual, constituye la esencia de las neurosis. A la *petitio principii* del psicoanálisis, de lo instintivo que se reprime a sí mismo, corresponde también, en la perspectiva de la psicología individual, una *petitio principii* en cuanto que, como consecuencia de la teoría de Alfred Adler, no es lo personal, sino lo social lo que determina la actitud y el comportamiento del hombre respecto de la comunidad: son elementos determinantes en este punto el entorno, la educación y el medio ambiente del hombre, si hemos de creer a la psicología individual. Al pasar ahora a hablar de C.G. Jung y de su psicología analítica, nunca se insistirá bastante en el gran mérito contraído por este autor, que tuvo la osadía de atreverse a definir en su tiempo, es decir, en los primeros años del siglo, la neurosis como «el sufrimiento del alma que no ha encontrado su sentido». Por eso es tanto más seductor el psicologismo analítico anclado en la psicología analítica. El mérito de haberlo puesto definitivamente al descubierto recae sobre todo en el barón Víctor E. von Gebsattel, que en *Christentum und Humanismus* (Stuttgart 1947) instala a la persona como la instancia suprapsicológica que este autor echa a faltar en la imagen del hombre de Jung. Sólo esta instancia es capaz, en cuanto orientada a unos parámetros adecuados a ella, de establecer un orden incluso en el caos de los motivos religiosos y de las «experiencias internas» que le ofrece el inconsciente, mediante el recurso de aceptar unos y rechazar otros. Con todo, en esta concepción del hombre falta la instancia capaz de hallar la decisión frente a las «creaciones del inconsciente». Se elegiría a Dios, pero no en la decisión de la fe. «Si esto no es psicologismo», dice v. Gebsattel como conclusión de estas reflexiones, «con el mismo derecho puede decirse que el elefante es una margarita y afirmar que uno es botánico» (pág. 36).

Amargas palabras contra la psicología de Jung pronuncia también Schmid, cuando la rechaza afirmando que se ha convertido en religión. Sus nuevos dioses serían los arquetipos. Sólo con referencia a ellos tendría sentido la vida. El último apoyo metafísico del hombre estaría, por tanto, en sí mismo, y su «psique» sería algo así como un moderno Olimpo poblado por dioses-arquetipos. La psicoterapia individual pasaría a ser una acción sacra y la psicología una concepción del mundo. «Uno se pregunta» —para decirlo con palabras de Hans Jorg Weitbrecht— «con un cierto asombro cómo es posible que haya teólogos que pasan por alto esta reducción de toda trascendencia a la inmanencia psicológica y pueden ser discípulos convencidos de Jung.» Más aún, la trascendencia queda reducida a una inmanencia biológica: «Los arquetipos se heredan a una con la estructura cerebral y son incluso su aspecto psíquico» (C.G. Jung, *Seelenprobleme der Gegenwart*, Zurich 1946, vol. 3, pág. 179). Y más aún: dos investigadores americanos «parecen haber conseguido» —dice Jung en tono triunfal— «provocar, mediante estímulo del istmo encefálico, la visión alucinatoria de una figura arquetípica», es decir, «el llamado símbolo de mándala, cuya localización en este istmo había sospechado ya» C.G. Jung «desde mucho tiempo atrás. Si esta idea de una localización del arquetipo fuera confirmada por ulteriores experiencias, ganaría mucha probabilidad la hipótesis de la autodestrucción del complejo patógeno mediante una toxina específica y se dispondría de la posibilidad de entender el proceso destructivo como una especie de reacción defensiva biológica equivocada.» En todo este asunto no puede olvidarse que Medard Boss, por ejemplo, ha designado a la «concepción del arquetipo como un producto de abstracción mental de aislamiento e hipostasiado».

Sería grave error pretender verificar la teoría del psicologismo dinámico a partir de la terapia, es decir, *ex iuvantibus*; hace ya mucho tiempo que hemos descubierto que en el campo de la psicología terapéutica está desplazado y superado el muy difundido respeto a los «hechos» y a la «eficiencia». Ya no es posible atenerse al mandamiento: «Por sus frutos los conoceréis.» Con independencia del método psicoterapéutico empleado en cada caso, la cuota de los casos curados o esencialmente mejorados se sitúa entre el 45 y el 65 por ciento (Caruso y Urban, Appell, Lhamon, Myers y Harvey) y sólo en casos excepcionales, como por ejemplo Eva Niebauer en su sección de ambulatorio psicoterapéutico, dirigido según los principios logoterapéuticos, se llega hasta el 75 por ciento. Más aún: B. Stokvis ha podido demostrar que en el caso excepcional de su «unión personal» se han conseguido idénticos niveles de resultados favorables con pacientes tratados con métodos psícoterapéuticos opuestos entre sí. Es también un hecho sabido que el porcentaje de curaciones permanentes es independiente del método psicoterapéutico empleado. Lo único que varía es la duración del tratamiento. Prescindiendo de todo esto, debe añadirse que en una clínica del extranjero se ha podido comprobar que los pacientes que estaban en la lista de espera, es decir, todavía no sometidos a tratamiento psicoterapéutico, mostraron, a través de los tests, mejorías objetivables que revelaban porcentajes significativamente más altos que los pacientes en tratamiento. ¿Cómo no recordar aquí la observación de Schaltenbrand, según el cual las medidas terapéuticas contra las múltiples formas de esclerosis, cuando no producen mejorías en un determinado porcentaje de casos —es decir, en un porcentaje que responda a la tendencia espontánea de remisión de la enfermedad— equivalen ya a un empeoramiento del paciente?

Para poder comprender todo lo dicho, es preciso distanciarse del prejuicio etiológico de que la psicoterapia, y en especial el psicoanálisis, no es eficaz en el sentido de una terapia inespecífica, sino en el sentido de una terapia causal. Pero no todos los tan denostados complejos, conflictos y sueños que se traen aquí a colación, y a cuyo descubrimiento atribuyen los métodos psicoterapéuticos de manifestación, todos sus posibles éxitos, son tan patógenos como se cree o se supone.

Algunos colaboradores míos pudieron demostrar sin dificultad, en el curso de encuestas estadísticas, que una serie no selectiva de casos de nuestro departamento neurológico no sólo tenía a sus espaldas tantos, sino mucho más complejos, conflictos y traumas que otra serie de casos, también no selectivos, del departamento del ambulatorio de psicoterapia. Y tenemos que añadir que incluimos en el cálculo la carga adicional de problemas de los enfermos neurológicos.

Sea como fuere, no puede hablarse de que los complejos, conflictos y traumas sean realmente patógenos, ya por el simple hecho de que aparecen por doquier. Lo que normalmente se considera patógeno es, en realidad, patognómico, es decir, no es tanto la causa como la señal de una enfermedad. Cuando, en el transcurso de una encuesta anamnésica, surgen conflictos, complejos y sueños, ocurre como con los arrecifes que emergen con la marea baja, pero que no son la causa de esta marea. No es el arrecife el que origina la marea, sino que la marea hace aflorar el arrecife. De forma análoga, un análisis hace aflorar complejos en los que nos enfrentamos ya con síntomas de neurosis, justamente con señales de enfermedad. El hecho de que en los conflictos y sueños haya una carga y una tensión, es decir, un «stress» en el sentido de Selye, es sólo un motivo más para precaverse, ahora y siempre, del difundido error en virtud del cual se actúa como si solamente la carga fuera patógena y no lo fuera también —y más aún— la descarga o, lo que es lo mismo, que la carga, en cuanto dosificada, es decir, en cuanto un estar cargado y en tensión frente a una tarea, es «antipatógena». *Apenas ha habido un lugar en el mundo donde haya existido más «stress» que en Auschwizt, y justo aquí desaparecieron prácticamente las enfermedades psicosomáticas que tan a menudo se consideran como condicionadas por el «stress».* Pero no es sólo que los complejos no sean de por sí patógenos. Es que, además, son, desde varios puntos de vista, iatrógenos. Al menos, Emil A. Gutheil y J. Ehrenwald han podido demostrar que los pacientes de los freudianos sueñan con complejos de Edipo, los de los adlerianos con conflictos de poder y los de los jungianos con arquetipos. El intérprete de los sueños no puede ya fiarse de ellos porque —tal como afirman incluso eminentes analistas— están de tal modo encauzados que «salen al encuentro» del médico que los trata, es decir, responden a sus tendencias interpretativas. «Allí donde el psicoanálisis actúa terapéuticamente, lo hace en el fondo bajo la forma de terapia de sugestión. El enfermo no puede ni siquiera entender qué utilidad puede reportarle la búsqueda de complejos reprimidos que lleva a cabo el médico, a no ser que se le informe sobre los objetivos de esta búsqueda. Pero si se le informa, cosa que, a tenor de la gran publicidad de los principios básicos del psicoanálisis, ocurre casi siempre, este enfermo ha demostrado, ya por el simple hecho de someterse a tratamiento, que ha aceptado esta terapia y está dominado por el correspondiente sentimiento de esperanza respecto a ella, que actúa por autosugestión.» (J. Berze, *Psychotherapie von Vernunft zu Vernunft*, en *Festschrift zum 70. Geburtstag von Prof. Dr. Otto Pötzl*, dirigido por el doctor Hubert J. Urban, Innsbruck 1949). «El proceso de sugestión comienza ya antes incluso de que se haya pronunciado una sola palabra», observa M. Pflanz, y «el reconocimiento de que casi en toda terapia entran en juego factores de sugestión, aspecto sobre el que insiste también Stokvis, tal vez ayude a superar los prejuicios con que se saluda a la sugestión.»

Aun prescindiendo de este factor sugestivo, también la simple oportunidad de hablar de su problema desempeña un papel de descarga del paciente. En efecto, no sólo el dolor «repartido», sino también el «compartido», esto es, el comunicado a otro, es medio dolor. Si esta afirmación necesitara alguna prueba, creo que bastará con la que ofrece la siguiente anécdota. Una buena mañana vino a visitarme una estudiante norteamericana para contarme sus cuitas. Estaba tan excitada y hablaba tan atropelladamente que a pesar de todos mis esfuerzos no entendí ni una sola palabra. Como, de todas formas ella desahogaba su corazón, para disimular mi perplejidad le aconsejé —con el pretexto de hacerse un electrocardiograma— que visitara a uno de mis colegas, que era también norteamericano, y que volviera después. Sólo que ni visitó al colega ni volvió a visitarme. Algún tiempo después me encontré con ella en la calle y al cabo de un rato de conversación quedó bien claro que había bastado la conversación que había tenido conmigo para superar una concreta situación conflictiva, y éste es el día en que no tengo aún ni la menor idea de lo que me dijo.

A todo esto se añade que el psicoanálisis, contrariamente a como él mismo se entiende, es decir, en el sentido de que provoca un cambio del dinamismo afectivo y de la energía instintiva, lo que hace en realidad, cuando alcanza su efecto terapéutico, es aportar una modificación existencial en el paciente. Caso de que no se sienta horror a una palabra tan de moda, puede hablarse con propiedad de un encuentro humano como del auténtico agente de las

normas de tratamiento psicoanalítico. Incluso la llamada
transferencia no es otra cosa que un vehículo de este encuentro humano y así debe entenderse a Rotthaus cuando
niega que la transferencia sea un presupuesto incondicional
del proceso psicoterapéutico. Es evidente que una modificación existencial —como aquella a la que tiende el análisis existencial de forma directa y con plena conciencia de
su método— considerada en cuanto tal, es decir, en cuanto
existencial, desborda, al menos tanto como la llamada transferencia, los límites de los procesos meramente intelectua-
les, racionales, dado que afecta a las raíces emocionales, esto
es, dado que pone en marcha un proceso total, plenamente
humano. No es, en cambio, tan evidente que la modificación existencial se sustraiga necesariamente a todo método
y a toda técnica; pero ya se ha dicho aquí que, en el ámbito
de la psicoterapia, lo que menos importa es el método o la
técnica empleados en cada caso. El factor decisivo es más
bien la relación humana entre el médico y el enfermo. Son
más que suficientes los casos en que se ha visto que lo que
impresiona al enfermo de forma decisiva y lo que permite que sean eficaces las influencias médicas es precisamente el abandono de la actitud y la postura distantes. En mi
opinión, ha desaparecido el sueño de medio siglo, el de la
eficacia de una mecánica del alma o de una técnica de la
terapéutica psíquica o —dicho con otras palabras— el sueño de la posibilidad de explicar la vida del espíritu sobre la
base de mecanismos y de tratar los sufrimientos anímicos
con ayuda de tecnicismos.

CAPÍTULO SEGUNDO

LA LOGOTERAPIA

Existe una psicoterapia que confiesa, ya de entrada, que
—prescindiendo del caso de las neurosis acentuadamente
noógenas— actúa no de forma causal, sino en el sentido de
una terapia inespecífica. De ella, es decir, de la logoterapia,
dice Edith Joelson, de la Universidad de Georgia, en *Some
Comments on a Viennese School of Psychiatry*, «The Journal of
Abnormal and Social Psychology», vol. 51, n.º 3, noviembre
1955: «Aun concediendo que esté en lo cierto la teoría psí-
codinámica de la neurosis cuando afirma que en el origen
de toda neurosis han intervenido de forma decisiva conflictos entre instintos en la primera infancia, nada se consigue
—sobre todo en los pacientes adultos— si no se incluye una
reorientación a algo así como sentido y valores, que es lo que
proporciona el impulso terapéutico.» Con otras palabras: Lo
que importa es la entrega a una tarea, quiero decir, a una tarea personal y concreta que debe ir perfilándose y aclarándose
en el decurso del correspondiente análisis existencial.

«Es una pésima moda de nuestro tiempo opinar que
la psicoterapia debe ser siempre, "propiamente hablando",
psicoanálisis. Semejantes afirmaciones presuponen siempre
la idea, totalmente equivocada, de que en el fondo toda

53

neurosis... debe atribuirse a una actitud errónea de la primera infancia, profundamente enraizada, por tanto, en la personalidad, y que todos los demás tratamientos psicoterapéuticos no pasan de ser sucedáneos, remiendos, autoengaño del médico, etc. Este peligroso error sólo ha podido... surgir en círculos de trabajo en los que se ha perdido... la sensibilidad para las tareas de la medicina general» (J.H. Schultz, *Die seelische Krankenbehandlung*, Stuttgart 1958). También una psicoterapia no psicoanalítica puede apuntarse éxitos en su haber. La afirmación es válida sobre todo respecto de la escuela behaviorista y reflexológica. Por supuesto, estos éxitos pueden multiplicarse, tan pronto como se tiene el valor para ascender a la dimensión propiamente humana. N. Petrilowitsch nos indica lo que puede conseguirse con este factor adicional, cuando afirma que, en oposición a todas las demás psicoterapias, la logoterapia no se encierra en el ámbito de las neurosis, sino que lo desborda y penetra en la dimensión de los fenómenos específicamente humanos (*Über die Stellung der Logotherapie in der klinischen Psychotherapie*, «Die medizinische Welt» 2790, 1964). De hecho, el *psicoanálisis*, por ejemplo, ve en las neurosis el resultado de procesos psicodinámicos e intenta, por tanto, tratar a los neuróticos de tal modo que puedan poner en marcha nuevos procesos psicodinámicos, tales como la transferencia. La *terapia del comportamiento*, basada en la teoría del aprendizaje, considera las neurosis como producto de procesos de aprendizaje o *conditioning processes* y se esfuerza, por consiguiente, en influir sobre los neuróticos de modo que inicien el camino hacia una especie de reaprendizaje o *reconditioning processes*. Frente a esto, la logoterapia asciende hasta la dimensión humana y de este modo es capaz de incluir en su instrumental los fenómenos específicamente humanos que surgen en aquella dimensión.

Ni puede emplearse cualquier método en cualquier caso con las mismas expectativas de éxito, ni toda terapia puede recurrir a cualquier método con la misma eficacia. Y lo que es válido respecto de la psicoterapia en general, lo es, y de forma especial, también respecto de la logoterapia. Dicho de otra forma: no es un remedio universal.

A diferencia de J.H.R. Vanderpas, que se ha atrevido a afirmar que «los logoterapeutas podrían también trabajar sin psicoanálisis», E.K. Ledermann, del Mariborough Day Hospital de Londres, mantiene la opinión de que un análisis existencial no excluye la necesidad de un análisis de la libido y que puede ocurrir que este último sea necesario para que tenga éxito el primero. Contra esta opinión, declara G.R. Heyer: «Es preciso oponerse a la hipótesis, que puede leerse muy a menudo, de que en un tratamiento de psicología profunda la parte de desmontaje "analítico" será complementada más tarde por una parte de montaje "sintético". Estas concepciones son erróneas y adolecen de una mentalidad mecanicista como sí la psique (el "aparato anímico" de Freud) se desmontara primero en sus piezas constitutivas, para hacer luego un "nuevo" montaje. Quien no tiene siempre en cuenta desde el primer momento, y sin desviaciones, incluso en la fase crítica, lo positivo, la totalidad, sana y entera, el "hombre concreto", con su figura oculta y no se dirige a él internamente, este tal ignora lo que resulta decisivo en toda terapéutica orientadora. Concepciones como la mencionada —de las dos fases estrictamente separadas— indican que estos autores se mueven en la estela del freudianismo ortodoxo.» De forma análoga se expresa, en fin, A. Maeder, cuando afirma, con fórmula conjuradora y amonestadora: «¡Fuera esquemas como: primero análisis, luego síntesis!» «No acabo de entender por qué tengo que entrar siempre en casa por el sótano y por qué tengo siempre que cruzarlo y comenzar desde los cimientos cualquier tipo de reparación.» (Franz Jachym, *Katholik und Psychotherapie*, Viena 1954). En este contexto, recordamos, por nuestra parte, que fue el propio Freud el que entendió de este modo el psicoanálisis: «Yo me he limitado siempre a los sótanos y a la planta baja del edificio», escribió a Ludwig Binswanger.

Traemos aquí a colación dos casos, en los que se advierte claramente que no es de ningún modo necesario que el análisis existencial logoterapéutico deba ser precedido de un psicoanálisis.

Judith K. venía padeciendo desde hacía trece años una grave agorafobia. Había sido ya tratada por eminentes colegas especialistas, una vez fue sometida a hipnosis, otra a narcoanálisis y en varias ocasiones se le aplicaron electroshocks en una clínica de enfermedades nerviosas, sin resultado alguno. A los trece días de iniciar el tratamiento logoterapéutico de nuestro colaborador, el Dr. Kocourek, la paciente —que durante 13 años no había sido capaz de abandonar su casa sin compañía— pudo salir por sí sola a la calle. Tras un tratamiento cuya duración total no pasó de cuatro semanas, pudo dejar la policlínica y no sintió ya ningún tipo de trastornos ni siquiera en las épocas señaladas para repetición periódica de los controles. Pudo además comprobarse que —tras una carencia de cuatro años— pudo también reanudar las relaciones sexuales con su marido. Hubiera sido, con todo, erróneo, pretender construir la etiología de esta neurosis sobre la base de la abstinencia sexual. En realidad, ocurría todo lo contrario, a saber, que la carencia sexual no era la causa sino un simple efecto de la neurosis, del mismo modo que la rehabilitación sexual fue simplemente un efecto (secundario) de nuestra terapia. Este caso nos trae el recuerdo de otra paciente, la señora Hede R. Durante 14 años fue víctima de una grave neurosis obsesiva. Para estar bien asegurada de que tenía bien cerrados los cajones de su mesa, se veía obligada a golpearlos con un ritmo determinado. Los golpes repetidos llegaron a lastimarle los nudillos y rompió la cerradura debido a los constantes controles para comprobar si los cajones estaban bien cerrados. Se la declaró estacionaria y se la pasó a la sección de logoterapia, bajo los cuidados de la doctora Kozdera. Al cabo de tan sólo dos días, había realizado tales progresos que se vio libre de la obsesión controladora. Es digno de notarse que sólo después de haberse logrado este efecto terapéutico tuvo lugar una conversación, en el curso de la cual salió a relucir que cuando la paciente tenía cinco años, su hermano rompió su muñeca predilecta, y desde entonces tomó ella la costumbre de guardar en cajones sus juguetes. Cuando tenía 16 años, su hermana echaba mano —a espaldas de ella— de sus vestidos y en consecuencia también decidió guardarlos bajo llave. Se advierte bien que aún en el caso de que este trauma psíquico, infantil o puberal, hubiera sido realmente patógeno, su manifestación, entendida en el sentido de la psicoterapia del descubrimiento, hubiera significado un éxito engañoso, pues en realidad este éxito se consiguió por otros caminos.

Por supuesto, queda todavía por afrontar la tarea de poner en orden todo cuanto —si así puedo decirlo— representa la condición natural de la posibilidad de una existencia espiritual y personal del hombre. Y no quedaría bien cumplida si, como sucede una y otra vez, quisiéramos localizar unilateral y exclusivamente las fuentes de perturbación en lo psíquico. Esto equivaldría a una falsa localización, porque no sólo lo psíquico puede ser patógeno, sino también lo somático y lo noético.

El psicoanálisis puede incurrir —desde el punto de vista etiológico— en una doble unilateralidad, es decir, su campo de visión puede quedar limitado por dos anteojeras, que no se encuentran a la derecha y a la izquierda, sino arriba y abajo: de un lado, el psicoanálisis pasa por alto lo somatógeno al aferrarse a lo psicogénico y, del otro, olvida el factor noogénico que interviene en las enfermedades neuróticas. Examinemos en primer lugar el aspecto somatógeno. Un caso concreto: una doctora me tomó como consejero para el tratamiento de una joven paciente postrada en cama en un sanatorio. Había sido atendida durante cinco años, sin el menor éxito terapéutico, por una psicoanalista. Cuando la paciente, ya colmada su paciencia, sugirió a la psicoanalista interrumpir el tratamiento, le declaró ésta que no se podía ni hablar de ello, que en realidad el tratamiento aún no había empezado, que no habían hecho otra cosa que perder el tiempo debido a la resistencia de la paciente... En este caso, tomé la decisión personal de hacer que se le administraran inyecciones de desoxicorticosteronacetato y, al cabo de algún tiempo, me comunicó la colega encargada del tratamiento que la paciente había recuperado su plena capacidad de trabajo, había reanudado los estudios y estaba a punto de presentar su tesis doctoral. Todo lo que había tenido era una hipofunción de la capa cortical de las cápsulas suprarrenales, con el cuadro clínico del síndrome de despersonalización.

Si, de una parte, las hipofunciones de la capa cortical de las cápsulas suprarrenales van unidas a lo que he calificado y descrito como «síndrome psicodinámico» (despersonalización, combinada con perturbaciones de concentración y capacidad de retención), ha podido demostrarse que las hiperfunciones de la glándula tiroides se dan la mano con la agorafobia, no raras veces bajo la forma de monosíntoma psíquico, y así como las primeras responden al tratamiento con desoxicorticosteronacetato, las segundas pueden tratarse con dihidroergotaminmetansulfonato. Así por ejemplo, se pasó a nuestra sección un caso que había sido analizado y tratado durante meses en otro departamento. El diagnóstico afirmaba que se trataba de una enfermedad psicógena basada en un conflicto matrimonial, añadiendo, además, que el paciente era incurable. En realidad, se trataba —tal como pudimos observar al cabo de muy poco tiempo— no de una neurosis psicógena, sino de una pseudoneurosis. Bastaron unas pocas inyecciones de dihidroergotamina para que la paciente se viera totalmente libre de perturbaciones, de modo que, tras la recuperación de la salud, desapareció también el conflicto matrimonial, bajo todos sus aspectos. Es innegable que el conflicto matrimonial existía, pero no era de tipo patógeno y, por consiguiente, tampoco era psicógena la enfermedad de nuestra paciente. Si todo conflicto matrimonial fuera patógeno, habría que decir que tal vez el 90 por ciento de los casados serían neuróticos.

Pero las cosas no ocurren como si por ejemplo toda hiperfunción de la glándula tiroides tuviera que producir inmediatamente una agorafobia. Ocurre más bien que esta hipertrofia lleva en sí una mera predisposición al temor, de la que debe luego adueñarse un temor expectativo cuyo mecanismo es bien conocido de los psicoterapeutas: un síntoma, de suyo innocuo y pasajero, genera en el paciente el temor fóbico de su repetición. Este temor de expectación consolida luego el síntoma y, en fin, este síntoma ya consolidado confirma aún más la fobia del paciente. Se cierra así el círculo vicioso y el paciente se ve inserto en él como el gusano de seda en su capullo. De estos casos cabe decir: si, como afirma el dicho popular, el deseo es el padre del pensamiento, el miedo es la madre del acontecimiento, es decir, del acontecimiento enfermizo. En numerosos casos, lo propiamente patógeno es el temor expectante, en cuanto que es este temor el que fija el síntoma. Nuestra terapia debe actuar simultáneamente en el polo psíquico y el somático de este círculo, dirigiéndose por una parte contra la predisposición al miedo —mediante la reflexión encaminada a este fin específico— y por otra, y al mismo tiempo, contra el temor expectante, en el sentido de lo que diremos más abajo, al hablar del método de la intención paradójica. De este modo el círculo neurótico queda inserto en las pinzas terapéuticas.

Ahora bien, ¿qué es lo que provoca el temor expectante? Típicamente, el tan frecuente miedo del paciente a su propio miedo. De hecho, teme todas las posibles consecuencias para su salud de su excitación miedosa, porque teme que pueda sufrir un colapso, una angina de pecho o un derrame cerebral. Por miedo al miedo, huye del miedo, se adelanta —paradójicamente— a su miedo al quedar aprisionado en él. En efecto, aquí nos hallamos ante el esquema de reacción agorafóbico. En este sentido, es decir, en el sentido de que existen diversos tipos de reacciones, distinguimos también en la logoterapia clínica diversos esquemas de reacción.

Del mismo modo que el neurótico miedoso reacciona a sus ataques de miedo con miedo al miedo, también el neurótico obsesivo reacciona a sus ataques obsesivos con miedo a la obsesión; en términos estrictos, de esta reacción es de donde surge la neurosis auténtica, la clínicamente manifiesta. Los pacientes afectados temen sus ataques obsesivos propiamente porque o bien ven en ellos indicios o incluso ya señales de una psicosis, o bien porque temen poner en práctica sus impulsos obsesivos. Pero, contrariamente al tipo de miedosos neuróticos, es decir, de los que por temor a su miedo huyen del miedo, el tipo de neurótico obsesivo reacciona de modo que, por temor a la obsesión, inicia la lucha contra la obsesión. Mientras que el neurótico miedoso huye del miedo, el neurótico obsesivo se precipita contra la obsesión, y en numerosos casos lo auténticamente patógeno de la neurosis obsesiva es precisamente este mecanismo.

Desde el punto de vista de los fundamentos constitucionales, puede comprobarse que existe una disposición psicopática. De hecho, es en esta psicopatía anancástico-obsesiva donde se injerta por sí misma, según los distintos casos, esta o aquella característica del temor del paciente. La psicopatía anancástica —el sustrato de su neurosis obsesiva— no es atribuible a la persona (espiritual) del paciente, sino que está más bien anclada en su carácter (anímico). En este sentido, el paciente no es ni libre ni responsable, pero lo es, y tanto más, respecto de la actitud que adopta frente a la ananké. Por lo que hace a la terapéutica, debe procurarse ampliar el espacio de tal libertad creando una distancia entre lo humano en el enfermo y lo enfermo en el hombre. Tal terapia no es sintomática. Al contrario: no se preocupa gran cosa del síntoma, sino que se vuelca sobre la persona del paciente, hasta el punto de que lo que intenta es un cambio de la actitud del paciente respecto del síntoma. En cuanto que la logoterapia no se dirige al síntoma, sino que lo que intenta es provocar un cambio de actitud, una modificación personal respecto del síntoma, se trata de una auténtica psicoterapia personalista.

A diferencia de lo que ocurre en esquemas de miedo neurótico y de obsesión neurótica, en el esquema de reacción de los neuróticos sexuales nos hallamos ante pacientes que, por la razón que fuere, se sienten inseguros de su sexualidad y en virtud de esta inseguridad reaccionan de tal modo que o bien intentan forzar al máximo el placer sexual o bien intentan hacer reflejo hasta el máximo el acto sexual. En el primer caso, el neurótico eleva el acto a programa. Ahora bien, el placer no puede intentarse como fin último y en sí mismo, sino que sólo llega a producirse, propiamente hablando, en el sentido de un efecto, de forma espontánea, es decir, justo cuando no es directamente buscado. Al contrario, cuanto más se busca el placer en sí, más se pierde.

Del mismo modo que dijimos antes que el miedo realiza ya de por sí lo que teme, también ahora puede decirse que el deseo demasiado intenso hace ya de por sí imposible lo que tanto desea.

De todo esto puede servirse la logoterapia en cuanto que intenta inducir al paciente a enfrentarse, aunque sólo sea por décimas de segundo, con lo que tanto teme, es decir, a desearlo paradójicamente, o a aceptarlo por anticipado. De este modo, consigue al menos quitar al miedo de expectativa el viento que hinche sus velas.

CAPÍTULO TERCERO

LA INTENCIÓN PARADÓJICA

Abordaremos ahora el tema de la intención paradójica, tal como fue descrito ya en un artículo que publiqué el año 1939 con el título de *Zur medikamentösen Unterstützung der Psychotherapie bei Neurosen* («Schweizer Archiv für Neurologie und Psychiatrie» 43, 26). En este contexto parece aconsejable comenzar por remitirme a los casos que he presentado en mis libros *Theorie und Therapie der Neurosen, Die Psychotherapie in der Praxis, Der Wille zum Sinn* y *Ärztliche Seelsorge*. En las líneas siguientes nos centraremos en un material aún no publicado.

Spencer M., de San Diego, California, nos escribe: «Dos días después de haber leído su libro *Man's Search for Meaning* me encontré en una situación que me proporcionó la ocasión de poner a prueba por vez primera la logoterapia. Tomaba parte en un seminario universitario sobre Martin Buber y en la primera reunión no tuve pelos en la lengua cuando creí tener que decir exactamente todo lo contrario de lo que los demás habían dicho. Y luego rompí a sudar copiosamente. Apenas lo advertí, me acometió el temor de que los demás pudieran darse cuenta de por qué había empezado a sudar. De repente me vino a la memoria el caso de un médico, que le consultó a usted a causa del miedo que le daban sus transpiraciones y pensé que me hallaba en la misma situación. Yo no concedía gran valor a la psicoterapia, y menos aún a la logoterapia. Por eso mismo me pareció que mi situación suponía una ocasión única para probar la eficacia de la intención paradójica. ¿Qué era lo que usted había aconsejado a su colega? Que, para variar, podía desear y proponerse mostrar a la gente su capacidad sudorípara. «Hasta ahora sólo he sudado un litro, pero voy a sudar 10», se dice en su escrito. Y mientras seguía hablando en el seminario, me dije a mí mismo: ¡Demuestra a tus compañeros lo que es sudar, Spencer! Pero hazlo bien, lo de ahora no es nada, tienes que sudar mucho más. No habían pasado dos segundos, cuando puede observar que mi piel estaba seca. No pude evitar reírme por dentro. No tenía ni la menor idea de lo que la intención paradójica es capaz de conseguir y, además, de forma inmediata. Al diablo, me dije a mí mismo, tiene que haber algo en esta intención paradójica, esto es demasiado; además, yo me sentía escéptico respecto de la logoterapia.»

De un informe de Mohammed Sadiq tomamos el siguiente caso: «La señora N., de 48 años, padecía tales temblores que era incapaz de sostener una taza de café o un vaso de agua sin derramar el contenido. Tampoco podía escribir ni tener un libro abierto en las manos. Ocurrió que una mañana, cuando estábamos sentados frente a frente, comenzó a temblar una vez más. Decidí entonces intentar el remedio de la intención paradójica, aunque desde luego con cierto humor. Le dije, pues: "¿Qué le parece, señora N., si organizáramos una competición de temblores?" Ella: "¿Qué quiere decir?" Yo: "Vamos a ver quién de los dos puede temblar más rápido y por más tiempo." Ella: "No sabía que también usted sufriera temblores." Yo: "No, no los tengo, pero si lo deseo, también puedo temblar." Y comencé... y ¡de qué modo! Ella: "¡Vaya! Tiembla más rápidamente que yo." Y, riéndose, comenzó a temblar con mayor rapidez. Yo: "Más rápido, vamos, tiene que temblar más rápido." Ella: "Pero no puedo; párese, no puedo seguir." La verdad es que estaba realmente cansada. Se levantó, fue a la cocina y regresó con una taza de café. Se la bebió sin derramar una sola gota. A partir de entonces, cuando la sorprendo temblando, basta con que diga: "Y bien, señora N., ¿qué le parece una competición de temblores?" A lo que ella suele responder: "Está bien, está bien." Y esto siempre ha dado buenos resultados.»

George Pynummootil (EE.UU.) narra lo siguiente: «Acudió a mi consulta un joven aquejado de un grave tic de los ojos, que le acometía siempre que tenía que hablar con alguien. Como la gente solía preguntarle qué le pasaba, esto le ponía cada vez más nervioso. Le envié a un psicoanalista. Pero, al cabo de toda una serie de sesiones, volvió de nuevo para comunicarme que el psicoanalista no había descubierto la causa y mucho menos el remedio de su mal. Entonces le recomendé que la próxima vez que tuviera que hablar con alguien, guiñara el ojo todo lo más que pudiera, para demostrar a su interlocutor lo bien que era capaz de hacerlo. Él pensó que yo debía estar loco al darle tal consejo, porque de este modo no haría sino empeorar su estado. Y se marchó. Regresó al cabo de algún tiempo, para contarme, entusiasmado, lo que había ocurrido mientras tanto. Como no tomó en serio mi propuesta, tampoco se cuidó de ponerla en práctica. Los tics fueron de mal en peor, hasta que una noche recordó lo que yo le había dicho, y se dijo para sí: Hasta ahora has intentado todos los remedios y no has conseguido nada. ¿Qué puede pasar, si por una vez sigues el consejo que te dieron? Y así, al día siguiente se propuso guiñar el ojo todo lo más que pudiera, con la primera persona que se encontrara, y con gran sorpresa comprobó que era incapaz de hacer hasta el menor guiño. A partir de entonces, ya no se le nota el tic.»

Un adjunto de universidad nos escribe: «Había presentado mi solicitud para un puesto que me resultaba muy conveniente, porque entonces podría hacer venir a California a mi mujer y mis hijos. Pero me sentía muy nervioso y hacía esfuerzos titánicos por causar una buena impresión. Ocurría que cuando me ponía nervioso, me empezaban a temblar las piernas de tal modo que por fuerza tenían que advertirlo los presentes. Y así sucedió también esta vez. Pero ahora me dije: Vas a obligar a estos sucios músculos a temblar de tal modo que no podrás ni siquiera estar sentado, sino que tendrás que levantarte de un salto y empezar a girar como una peonza por el cuarto tanto tiempo que la gente crea que te has vuelto loco. Estos sucios músculos van a temblar hoy como nunca, hoy vas a batir el record absoluto. Pues bien, durante toda la conversación mis piernas no temblaron ni una sola vez, conseguí el puesto y al cabo de muy poco mi familia pudo reunirse conmigo en California.»

El ya citado Sadiq tuvo una vez en tratamiento a una paciente de 54 años, internada en un hospital, a la que le resultaba totalmente imposible conciliar el sueño si no tomaba somníferos. «A las diez de la noche, salió de su habitación y me pidió un somnífero. Ella: "¿Puede darme una píldora para dormir?" Yo: "Lo siento, se han acabado y la enfermera se ha olvidado de traer más." Ella: "¿Cómo voy a dormir ahora?" Yo: "Por esta noche tendrá que arreglárselas sin somníferos." Dos horas más tarde reapareció de nuevo. Ella: "Sencillamente, no puedo." Yo: "¿Qué le parece, si vuelve a acostarse, y, para variar, en vez de dormir, intenta pasar en vela toda la noche?" Ella: "Siempre he creído que estoy algo tocada de la cabeza, pero me parece que a usted le ocurre lo mismo." Yo: "Vea usted, a veces me gusta hacer un poco el loco. ¿No puede entenderlo?" Ella: "¿Habla en serio?" Yo: "¿Sobre qué?" Ella: "Que debo intentar pasar la noche sin dormir." Yo: "Por supuesto que hablo en serio. Inténtelo. Vamos a ver si de verdad puede estar toda la noche sin dormir. ¿De acuerdo?" Ella: "¡De acuerdo!" Al día siguiente, cuando la enfermera fue a llevarle el desayuno a su habitación, la paciente seguía profundamente dormida.»

Es asombroso comprobar cuán a menudo personas profanas en la materia recurren con éxito, a la intención paradójica. Tengo aquí la carta de una paciente que había sufrido agorafobia durante 14 años. Estuvo sometida durante tres años a tratamiento psicoanalítico ortodoxo sin el menor resultado. Durante dos años recurrió a los servicios de un hipnotizador, lo que le proporcionó una relativa mejoría. Hubo incluso necesidad de internarla durante 6 semanas. Nada le aportaba una ayuda eficaz. Sobre aquella época escribe la enferma: «Nada ha cambiado en todos estos 14 años. Cada uno de aquellos días era un infierno.» Al fin, un buen día tomó la decisión de salir a la calle, pero inmediatamente se vio acometida por la agorafobia. Entonces le vino a la memoria lo que había leído en mi libro *Man's Search for Meaning* y se dijo: «Ahora voy a demostrar a toda la gente que se encuentra a mi alrededor qué bien sé hacer todo esto: ser presa del pánico y sufrir un colapso.» E inmediatamente se sintió tranquila. Siguió su camino hacia el supermercado e hizo sus compras. Pero cuando llegó a la caja, empezó a temblar y sudar. Entonces se dijo a sí misma: «Voy a demostrar al cajero lo que soy capaz de sudar. Va a abrir unos ojos como platos.» Sólo cuando ya estaba de regreso se dio cuenta de la gran tranquilidad que sentía. Y siguió practicando la misma táctica. Al cabo de unas pocas semanas era ya capaz de dominar hasta tal punto su agorafobia, con ayuda de la intención paradójica, que a veces casi no podía creer que hubiera estado enferma.

En el simposio sobre logoterapia celebrado en el marco del sexto Congreso Internacional de Psicoterapia, el doctor Gerz, director clínico del Connecticut State Hospital, en EE.UU., narró los siguientes casos:

A.V., de 45 años, casada, con un hijo de 16 años, venía arrastrando desde hacía 24 años una enfermedad. Durante este tiempo padeció un grave síndrome fóbico, en que se daban cita la claustrofobia, la agorafobia, gran medrosidad, miedo a los ascensores, a pasar por puentes, etc., etc. Debido a todos estos trastornos fue tratada, durante todos aquellos 24 años, por diversos psiquiatras, que aplicaron repetidas veces, entre otros remedios, minuciosos análisis longitudinales. Los últimos 4 años hubo que internarla en una clínica. A pesar de los tranquilizantes que tomaba, se hallaba en un estado de constante excitación. Durante año y medio fue sometida a tratamiento intensivo a cargo de un analista de gran experiencia, pero sin resultado alguno. El 1.° de marzo de 1959 inició el Dr. Gerz el tratamiento de la enferma, con el método de la intención paradójica. Transcurridos cinco meses, la paciente había recuperado la tranquilidad y por primera vez, en 24 años, se encontraba libre de todo síntoma. Poco después se le dio de alta. Han pasado ya varios años y ahora lleva una vida normal y feliz en el seno de su familia. Ahora el caso de un neurótico obsesivo. El señor M.P. es abogado, casado, de 56 años de edad, padre de un estudiante de 18 años. Hace 17 años «le acometió de pronto, como un rayo caído del cielo, la terrible obsesión» de que la suma de 300 dólares que pagaba al fisco era muy baja y que había engañado al Estado, aunque hacía sus declaraciones de impuestos a ciencia y conciencia y con absoluta honradez. «Me era imposible rechazar esta idea, a pesar de todos mis esfuerzos», dijo al doctor Gerz. Se veía ya acusado por el fiscal por su falsa declaración de impuestos, encerrado en la cárcel, veía las páginas de los periódicos llenas de artículos sobre él, contemplaba su posición profesional arruinada. Decidió entonces ir a una clínica para someterse a tratamiento psicoterapéutico y se le administraron 25 sesiones de electroshock sin resultado. Su estado fue empeorando hasta tal extremo que tuvo que cerrar su bufete. Tenía que luchar, durante las largas noches insomnes, contra su obsesión, que iba en aumento día a día. «Apenas había conseguido rechazar una idea, me venía otra», explicó al doctor Gerz. Le acometía de forma especial la obsesión de que tal vez habían caducado sus diversos seguros, sin que él lo hubiera advertido. Los comprobaba una y otra vez para encerrarlos luego en una cámara acorazada especial, de acero, cada contrato precintado y asegurado con cordeles numerosas veces. Finalmente, suscribió con Lloyds, de Londres, un seguro especialmente redactado para él, en virtud del cual se aseguraba frente a las consecuencias de cualquier error que, inconscientemente y sin advertirlo, hubiera podido cometer en el marco de su ejercicio de la abogacía. Pero muy pronto tuvo que suspender incluso estas tareas profesionales. La obsesión reiterativa se hizo tan aguda que fue preciso internarlo en la clínica psiquiátrica de Middletown. Aquí es donde comenzó su tratamiento de intención paradójica, a cargo del doctor Gerz. Durante cuatro meses, tres veces por semana, celebraron sesiones de logoterapia. Se le recomendó, una y otra vez, que utilizara las siguientes formulaciones de intención paradójica: «Me río de todo. Que busque el perfeccionismo el diablo. Para mí todo está bien; por mi parte, ya pueden encerrarme. Cuanto antes, mejor. ¿Asustarme por la consecuencia de algún error que se haya podido deslizar? Pues que me encierren tres veces al día. Por lo menos recuperaré el dinero, el hermoso dinero, que he arrojado en las fauces de esos señores de Londres...» Siempre en el sentido de la intención paradójica, comenzó incluso a desear haber cometido el mayor número posible de errores y a imaginarse la comisión de nuevas faltas, ideaba enormes embrollos de su trabajo para demostrar a sus secretarias que él era «el mayor tramposo del mundo». El doctor Gerz no tuvo la menor duda de que entraba también en el juego la total ausencia de toda preocupación por su parte —una preocupación que por fuerza tenía que darse en virtud de sus instrucciones— cuando su paciente se mostró capaz no sólo de llevar a cabo la intención paradójica, sino incluso de formularla con un formidable sentido del humor, cosa a la que, por supuesto, el mismo doctor Gerz tenía que contribuir. Así por ejemplo, cuando el paciente acudía a la consulta, le saludaba con estas palabras: «¡Cómo! ¡Por el amor del cielo...! ¿todavía anda usted suelto? Yo creía que estaba ya hace tiempo entre rejas. He estado leyendo los periódicos para ver si por fin informan sobre el gran escándalo que usted ha causado.» A lo que el paciente solía estallar en carcajadas. Fue asimilando cada vez más esta actitud irónica y a ironizar sobre su propia neurosis, diciendo por ejemplo: «Me importa un bledo que me encierren; lo más que puede ocurrir es que la compañía de seguros quiebre.» Hace ya un año que pusimos fin al tratamiento. «Estas fórmulas — lo que usted llama intención paradójica, doctor— me han impresionado mucho. Lo único que puedo decirle es que casi parece un milagro. En 4 meses ha conseguido hacer de mí un hombre totalmente distinto. Por supuesto, de vez en cuando me asaltan los viejos temores. Pero, sabe usted, ahora puedo dominarlos inmediatamente; ahora sé muy bien cómo debo proceder.»

Vengo practicando la intención paradójica desde 1929 (Ludwig J. Pongratz, *Psychotherapie in Selbstdarstellungen*, Berna 1973), pero hasta 1947 no la publiqué con este nombre (Viktor E. Frankl, *Die Psychotherapie in der Praxis*, Franz Deuticke, Viena 1947). Es innegable su parecido con los métodos de tratamiento de la terapéutica del comportamiento, que aparecieron más tarde en el mercado. Esta circunstancia ha sido bien advertida por algunos terapeutas del comportamiento. Por eso es tanto más digno de atención el hecho de que el primer intento de someter a comprobación experimental la eficacia de la intención paradójica haya sido acometida precisamente por algunos terapeutas de la mencionada escuela. Fueron, con todo, los profesores L. Solyom, J. Garza-Pérez, B.L. Ledwidge y C. Solyom, de la Clínica de Psiquiatría de la Universidad McGill, quienes, en los casos de neurosis obsesivas crónicas, eligieron dos síntomas de la misma intensidad y procedieron luego a tratar uno de ellos, a saber, el síntoma de objetivo, con el método de la intención paradójica, mientras que el otro, el síntoma de «control», quedaba fuera de tratamiento. Se comprobó entonces que sólo desaparecían los síntomas tratados, y en el espacio de pocas semanas. Ni en un solo caso se produjeron síntomas sustitutivos. (*Paradoxical Intention in the Treatment of Obsessive Thoughts: A Pilot Study*, en «Comprehensive Psychiatry» 13, 291, 1972).

Mis colaboradores Kurt Kocourek y Eva Kozdera consiguieron, con ayuda del método de la intención paradójica, adelantar tanto y en tan poco tiempo, incluso en casos de antiguos pacientes aquejados de neurosis obsesivas inveteradas, que éstos pudieron recuperar su capacidad de trabajo. Tales resultados terapéuticos del tratamiento demuestran, y no en último lugar, que la llamada terapia breve puede ser, efectivamente, breve, y a la vez buena.

A todo lo dicho debe añadirse que «las dudas, muchas veces expresadas, de que a la eliminación de un síntoma debe seguir necesariamente la formación de un síntoma sustitutivo o de alguna otra actitud fallida interna, son, formuladas con esta generalización, afirmaciones totalmente infundadas» (J.H. Schultz, «Acta Psychotherapeutica», 1, 33, 1953). Pero no debe despertarse la impresión de que en todos los casos en que la logoterapia ha sido coronada por el éxito, este éxito se haya producido con la rapidez y en el breve espacio de tiempo de los ejemplos antes mencionados. Si los he traído aquí a colación es debido a que se adecuan bien al propósito didáctico.

CAPÍTULO CUARTO

LA DERREFLEXIÓN

El elemento característico del esquema de reacción neurótico sexual es la lucha por el placer. También aquí podemos observar una vez más cómo el paciente queda encerrado en un círculo vicioso. La lucha por el placer, la lucha por la potencia y el orgasmo, la voluntad de placer forzada al máximo, no sólo acarrea una hipertensión que acaba con el placer, sino que entraña además una hiperreflexión: se comienza, durante el acto, a observarse a sí mismo y, si es posible, también a espiar al compañero. Y entonces queda arruinado hasta el último ápice de espontaneidad.

Un caso concreto: la señora S. viene a nuestra consulta porque se siente aquejada de frigidez. De niña, sufrió abusos sexuales por parte de su propio padre. Desde el punto de vista heurístico, decidimos tratar el caso como si no existiera algo parecido a un trauma psicosexual. Así pues, preguntamos a la paciente si había esperado recibir algún daño a causa del incesto. La paciente confirmó nuestras sospechas, añadiendo que había llegado a esta conclusión bajo el influjo de la lectura de un libro que pretendía ser divulgación del psicoanálisis a nivel popular. «Aquello había que pagarlo», era la convicción de la paciente. En resumen: se había instalado un miedo de expectativa. En el marco de este miedo, cada vez que tenía un contacto íntimo con su compañero, «se ponía al acecho», porque en definitiva ella anhelaba afirmar y ejercer su femineidad. Pero, precisamente así, dividía su atención entre ella y el compañero. Con este comportamiento, arruinaba toda posibilidad de orgasmo, porque en la medida en que se presta atención al acto sexual en sí, en esta misma medida se incapacita uno para entregarse plenamente a él.

Es evidente que del mismo modo que la intención patógenamente forzada debe ser sustituida en la terapia por la intención paradójica, de forma análoga la hiperreflexión patógena necesita, para ser corregida, de una derreflexión. No pocas veces hemos comprobado que para solucionar un síntoma lo único que se requiere es disolver la atención focalmente centrada en dicho síntoma. Y así ocurrió con esta paciente. Le dije que, por el momento, no disponía de tiempo para comenzar el tratamiento y fijé la próxima visita para dos meses más tarde. Hasta entonces —añadí— no debía preocuparse ni por su capacidad ni por su incapacidad de orgasmo —punto sobre el que volveríamos a ocuparnos a fondo cuando se iniciara el tratamiento—, sino que durante el acto sexual debería esforzarse por concentrar la atención en el compañero. Los hechos posteriores me dieron plena razón. Ocurrió lo que yo esperaba. La paciente volvió no al cabo de dos meses, sino de dos días. Bastó que dejara de fijar la atención en sí misma, en su incapacidad o capacidad para el orgasmo; brevemente, bastó una derreflexión y una entrega más sincera a su compañero para que, por primera vez, llegara al orgasmo.

¿Qué había ocurrido? La paciente había sido víctima

de una intención de orgasmo forzada al máximo. En la logoterapia la llamamos hiperintención. A ella se añade, de ordinario, lo que en la logoterapia se designa como hiperreflexión, esto es, una dirección y encauzamiento de la atención al acto sexual en sí mismo. La hiperintención crispada y la hiperreflexión entorpecedora confluyen para formar un círculo vicioso, en el que la paciente queda encerrada. Todo ello acontece en el marco de lo que en logoterapia se llama derreflexión.

Analicemos ahora la impotencia masculina. Aquí debemos comenzar por preguntarnos qué es lo que mueve, en estos casos, al paciente a «hiperintentar» su potencia hasta el punto de provocar una perturbación de la misma. Nuestras propias investigaciones han aportado el resultado de que el hombre cuya potencia está perturbada vive el coito como algo que se le pide y se le exige. Es decir, el coito adquiere un «carácter obligatorio», ya sea que la presión a «prestarse» al coito surja de la situación dada o que sea el paciente mismo el que ha programado, por así decirlo, el coito. A veces, el requerimiento surge de la compañera, aunque sólo sea por el simple hecho de que es ella la que toma la iniciativa, cosa que parece desbordar a un hombre inseguro de sus relaciones sexuales. Desde el punto de vista masculino la reacción es hasta cierto punto comprensible. Pero más aún: Konrad Lorenz nos habla de la hembra de un pez laberintibranquio que no huía coquetamente —como es lo normal— del macho, sino que nadaba con ímpetu a su encuentro. El macho «reaccionaba humanamente» —según las propias palabras de Lorenz—, es decir, era víctima de una impotencia total.

A las tres instancias ya mencionadas que pueden hacer que los pacientes se sientan obligados a la sexualidad, hay que añadir últimamente dos nuevos factores. En primer lugar, el valor que la sociedad del rendimiento atribuye, y no en último lugar, a la capacidad de rendimiento sexual.

La *peer pressure*, es decir, la dependencia del individuo aislado frente a sus semejantes y frente a lo que los otros, el grupo a que pertenece, considera como «in», esta *peer pressure* hace que se tienda, de forma forzada, a la potencia y el orgasmo. Luego, la *group pressure*, la presión del grupo, que arrebata a los hombres actuales aquel residuo de espontaneidad que todavía había respetado la *peer pressure*. Nos referimos a la industria del placer sexual y a la de la información sexual. La presión al consumo sexual a que tienden estas industrias llega hasta las gentes a través de los *hidden persuaders* (los secretos seductores), mientras que los medios de comunicación de masas hacen el resto. Lo único paradójico es que también los jóvenes de hoy se prestan a seguir los dictados de esta industria y se dejan mecer por esta ola sexual, sin advertir quién les manipula. Quien sea enemigo de la hipocresía, debería también actuar allí donde el negocio de la pornografía, para poder actuar a sus anchas, intenta pasar, según los casos, por arte o por información.

En los últimos tiempos se están multiplicando en la literatura las voces (Ginsberg, Frosch, Shapiro y Stewart) que llaman la atención sobre el aumento de las perturbaciones de potencia entre los jóvenes y que aluden en este contexto —en total coincidencia con el antes mencionado «carácter de exigencia»— al hecho de que, primero la píldora y luego también la «women's liberation», han puesto en manos de las mujeres la iniciativa sexual.

La logoterapia sale al paso de la hiperreflexión con la derreflexión mientras que, para combatir los casos de impotencia derivados de la hiperintención patógena, se dispone de una técnica logoterapéutica que se remonta al año 1947 (Viktor E. Frankl, *Die Psychotherapie in der Praxis*, Viena, 1947). Nuestro consejo consiste en inducir al paciente a no «proponerse (el acto sexual) de forma programática, sino dejarse mover por las caricias que aún quedan en forma fragmentaria, en el sentido de un mutuo preludio sexual». Sugerimos también a nuestro paciente que explique a su compañera que nosotros le hemos prohibido estrictamente, por el momento, el coito. El paciente comunicará también cuándo cesa esta prohibición. En su propio interés, ella debe evitar en adelante ejercer presión de tipo sexual sobre su compañero. Apenas se ha producido esta descarga subjetiva, el paciente puede ejercitarse en formas de iniciación sexual cada vez menos fragmentarias, pero debe evitar cuanto pueda el coito total, hasta que un día se produce el *fait accompli*.

William S. Sahakian y Barbara Jacquelyn Sahakian (*Logotherapy as a Personality Theory*, «Israel Annals of Psychiatry» 10, 230, 1972) mantienen la opinión de que los resultados de las investigaciones de W. Masters y V. Johnson han confirmado las llevadas a cabo por nosotros. De hecho, el método de tratamiento desarrollado en 1970 por Masters y Johnson tiene numerosos parecidos con la técnica de tratamiento que acabamos de esbozar, ya publicada por nosotros en 1947. En las líneas que siguen haremos más luz sobre nuestras ideas mediante la exposición de algunos casos.

Del mismo modo que la derreflexión actúa como correctivo de la hiperreflexión, la prohibición del coito disminuye la hiperintención. De todas formas, este «truco» sólo puede utilizarse cuando ninguno de los dos compañeros lo conoce. El siguiente informe, que debo a mi ex discípulo Myron J. Horn, pone en claro la inventiva que es preciso desarrollar en esta situación: «Vino a visitarme una joven pareja a causa de la impotencia del varón. Su mujer le había recriminado muchas veces que era un miserable amante (*a lousy lover*) y que había pensado ir con otros hombres para sentirse una vez auténticamente satisfecha. Les pedí que, durante una semana, se acostaran juntos, y desnudos, y que hicieran todo lo que les viniera en gana. Lo único que bajo ninguna circunstancia podían hacer era llegar al coito. Volvieron al cabo de la semana. Habían intentado, me dijeron, seguir mis indicaciones, pero "desgraciadamente" habían llegado en tres ocasiones al acto total. Di a entender que aquello me irritaba y que esperaba que al menos la semana siguiente siguieran mis instrucciones. Pasaron unos pocos días y me llamaron por teléfono para comunicarme que les había sido imposible, que ahora incluso realizaban el coito varias veces al día. Un año más tarde supe que el éxito seguía en pie.»

Un consejero sexual de California, Claude Farris, hizo llegar a mis manos un informe, del que se desprende que la intención paradójica es aplicable en los casos de vaginismo. Para una paciente que había sido educada en un convento católico, la sexualidad era un severo tabú. Vino a consulta debido a los fuertes dolores que sentía durante el coito. Farris le indicó que no distendiera la región genital, sino que inervara la musculatura vaginal al máximo posible, de modo que su marido no pudiera penetrar en la vagina. Al marido se le indicó que debería hacer cuanto estuviera en su mano por vencer esta resistencia. Una semana más tarde, volvieron los dos de nuevo, para informar que, por primera vez en su vida matrimonial, había podido realizar el coito sin dolores. No hubo que anotar recaídas.

Se ve, pues, que en cierto sentido no debe intentarse

directamente algo parecido a la distensión, pero sí puede buscarse por el camino de una intención paradójica, es decir, por la intención de lo contrario a la distensión. Copio aquí el siguiente episodio, tomado de uno de mis alumnos californianos, David L. Norris: En el marco de una tarea de investigación, tuvo que hacer experimentos con probandos que estaban conectados a un electromiógrafo, con la finalidad de medir su grado de distensión. Había entre ellos un hombre que hacía ascender el aparato hasta 50 microamperios. Ni con la mejor voluntad (¿o debería decir acaso, y mejor, *a causa* de una voluntad forzada, *a causa* de la hiperintención?) conseguía una auténtica distensión. Hasta el director de la prueba llegó a perder la paciencia: «Usted, Steve, jamás llegará a conseguir una auténtica distensión.» Entonces Steve estalló: «¡Al diablo con toda esta palabrería de distensión, me importa un comino todo este tinglado, si lo quiere usted saber!» Inmediatamente, la aguja del aparato bajó de 50 a 10 microamperios, con tal rapidez que el director creyó que se había cortado la corriente.

CAPÍTULO QUINTO

LA VOLUNTAD DE SENTIDO

Ya hemos dicho que el psicoanálisis pasa por alto no sólo el aspecto somatogénico, sino también el noogénico en las enfermedades neuróticas. Pero lo cierto es que las neurosis no enraízan necesariamente en el complejo de Edipo o en el complejo de inferioridad, sino que pueden ser también un problema espiritual, pueden estar fundamentadas en un conflicto de conciencia o en una crisis existencial. El psicoanálisis nos ha dado a conocer la voluntad de placer, a partir de la cual podemos concebir el principio de placer. La psicología individual nos ha familiarizado con la voluntad de poder, bajo la forma de tendencia al prestigio. Pero en el ser humano tiene raíces mucho más profundas lo que he designado como voluntad de sentido: su esfuerzo por el mejor cumplimiento posible del sentido de su existencia.

¿Acaso *no* es la felicidad lo que el hombre anhela en su raíz más profunda y original? ¿No ha concedido el mismo Kant que ésa es la realidad, y que sólo en un momento posterior se añade la obligación de esforzarse por ser *digno* de la felicidad? Y, efectivamente, apenas se da una razón para ser feliz, aparece esta felicidad, brota espontáneamente el placer. En la experiencia clínica diaria se advierte una y otra vez que es cabalmente la desviación del «fundamento de la felicidad» lo que impide a los neuróticos sexuales — al varón de potencia viril perturbada o respectivamente a la mujer frígida— alcanzar la felicidad. Ahora bien, ¿cómo se produce esta desviación respecto del «fundamento de la felicidad»? Por una inclinación forzada hacia la felicidad buscada en razón de sí misma, hacia el placer en sí. Estaba muy en lo cierto Kierkegaard cuando afirmaba que la puerta de la felicidad se abre hacia afuera y que cuando alguien se precipita contra ella no hace sino cerrarla con más fuerza.

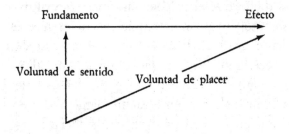

¿Cómo podemos explicarlo? En razón de su voluntad de sentido, el hombre está referido a la búsqueda de un sentido y a su cumplimiento, pero también está referido al encuentro con otro ser humano, al que amar bajo la forma de un tú. Estas dos cosas, el cumplimiento y el encuentro, son las que proporcionan al hombre el *fundamento* de la felicidad y del placer. Pero en los neuróticos esta tendencia primaria queda como desviada hacia una tendencia *directa* a la felicidad, a la voluntad de placer. En vez de hacer que el placer sea lo que debe ser, si se quiere que llegue a producirse, es decir un resultado (un efecto secundario que surge del sentido cumplido y del ser encontrado), se convierte en objetivo único de una intención forzada, de una hiperintención. Y con esta hiperintención se da la mano una hiperreflexión. El placer se convierte en contenido y objeto único de la atención. Pero, en la medida en que el neurótico se preocupa del placer, pierde de vista el *fundamento* del placer, y ya no puede obtenerse el efecto «placer».

Por lo que hace a la autorrealización, de que hoy tanto se habla, me atrevo a afirmar que el hombre sólo es capaz de autorrealizarse en la medida en que cumple un sentido. El imperativo de Píndaro, según el cual el hombre debe hacerse lo que ya es, requiere un complemento, que yo veo en las palabras de Jaspers: «Lo que el hombre es, lo es a través de la cosa que hace suya.» Como el bumerang, que sólo retorna al cazador que lo ha arrojado cuando no alcanza su objetivo, la presa, así también *sólo* tiende totalmente a la autorrealización el hombre que ha fracasado al principio en el cumplimiento del sentido y que tal vez ni siquiera era capaz de descubrir el sentido de cuyo cumplimiento se trataba.

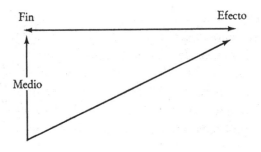

Lo mismo cabe decir, análogamente, de la voluntad de placer y de la voluntad de poder. Pero mientras que el placer no es sino un efecto secundario, concomitante, del cumplimiento del sentido, el poder es un medio para el fin en cuanto que, como cumplimiento del sentido, está vinculado a ciertos condicionamientos y presupuestos sociales y económicos. Ahora bien, ¿cuándo *está* atento el hombre al simple efecto concomitante del «placer», y cuándo se *limita* al simple medio para el fin que llamamos poder? La respuesta es: sólo se forma ésta voluntad de placer o, respectivamente, esta voluntad de poder cuando se ha frustrado la voluntad de sentido o, dicho con otras palabras, cuando el principio de placer se convierte, en no menor grado que el anhelo de prestigio, en una motivación neurótica. Desde esta perspectiva se comprende bien que Freud y Adler tuvieran que desconocer, por fuerza, la orientación primaria del hombre hacia un sentido, ya que hicieron sus descubrimientos a través del estudio de personas neuróticas.

Hoy ya no nos hallamos insertos, como en los tiempos de Freud, en una época de frustración sexual. Nuestra época es la de la frustración existencial. Para ser más concretos, debemos añadir que esta frustración de la voluntad de sentido aparece de forma especial entre los jóvenes. «¿Qué les dicen a la joven generación de hoy», se pregunta Becky Leet, redactora jefe de un diario publicado por los estudiantes de la Universidad de Georgia, «Freud o Adler? Tenemos la píldora, que nos libera de las consecuencias de la actividad sexual; hoy no existe ninguna razón médica para estar sexualmente perturbados. Y poseemos el poder, basta tan sólo con que echemos una mirada a los políticos americanos, que tiemblan ante la joven generación como ante la Guardia Roja de China. Pero Frankl dice que las gentes viven hoy en un vacío existencial, y que este vacío existencial se manifiesta sobre todo en el aburrimiento. Aburrimiento; esto suena de forma totalmente distinta, ¿no es verdad? Mucho más familiar, ¿verdad? ¿O es que conocen ustedes a muy poca gente de su entorno que se queje del aburrimiento, aun prescindiendo del hecho de que les basta extender la mano para poseerlo todo, incluido el sexo de Freud y el poder de Adler?»

De hecho, son cada vez más numerosos los pacientes que se dirigen a nosotros con el sentimiento de un vacío interior que he calificado y descrito como un «vacío existencial», con el sentimiento de una abismal falta de sentido de su existencia. Sería erróneo suponer que el fenómeno se limita al mundo occidental. Bien al contrario: Osvald Vymetal ha hecho notar expresamente que «esta enfermedad de hoy, la pérdida del sentido de la vida, cruza "sin permiso de la autoridad", especialmente entre los jóvenes, las fronteras del orden social capitalista y comunista.» Fue también Osvald Vymetal quien, con ocasión de un congreso de neurología de Checoslovaquia, tras haber saludado, desde la presidencia, con gran entusiasmo, las ideas de Pawlow, declaró, sin embargo, que, frente al vacío existencial, los alienistas no pueden ya arreglárselas con una psicoterapia orientada según Pawlow. Debemos a L.L. Klitzke (*Students in Emerging Africa - Logotherapy in Tanzania*, «American Journal of Humanistic Psychology» 9, 105, 1969) y a Joseph L. Philbrick (*A Cross-Cultural Study of Frankl's Theory of Meaning-in-Life*) la observación de que este fenómeno se deja sentir también en los países subdesarrollados.

Se ha cumplido lo que ya en 1947 había anticipado Paul Polak, cuando en una conferencia pronunciada ante la Asociación de psicología individual afirmó que «sólo se haya solucionado la cuestión social, quedará auténticamente libre la problemática espiritual, sólo entonces se la podrá movilizar en un sentido auténtico; sólo entonces será el hombre libre para dedicarse de verdad a sí mismo, y sólo entonces conocerá lo que hay de problemático en sí mismo, la auténtica problemática de la existencia.» La misma campana hacía sonar no hace mucho Ernst Bloch, cuando decía: «Los hombres reciben el regalo de preocupaciones que, de otra forma, sólo tendrían en la hora de la muerte.»

CAPÍTULO SEXTO

LA FRUSTRACIÓN EXISTENCIAL

Al psiquiatra actual le sale al encuentro, no raras veces, la voluntad de sentido bajo la forma de frustración. No existe, pues, tan sólo la frustración sexual, la frustración del instinto sexual, o, dicho en términos más generales, de la voluntad de placer, sino que se da también lo que en la logoterapia llamamos frustración existencial, es decir, un sentimiento de falta de sentido de la propia existencia. Este complejo de vacuidad alcanza hoy un rango superior al de complejo de inferioridad por lo que se refiere a la etiología de las enfermedades neuróticas. El hombre actual no sufre tanto bajo el sentimiento de que tiene menos valor que otros, sino más bien bajo el sentimiento de que su existencia no tiene sentido. Esta frustración existencial es patógena, es decir, puede ser causa de enfermedades psíquicas, con la misma frecuencia al menos que la tantas veces denostada frustración sexual.

El hombre existencialmente frustrado no conoce nada con lo que poder llenar lo que yo llamo vacío existencial. En opinión de Schopenhauer, la humanidad oscila entre la necesidad y el aburrimiento. Pues bien, los neurólogos actuales tenemos que dedicar mucho más tiempo a los problemas del aburrimiento que a los de la necesidad, sin excluir —sino más bien excluyendo expresamente— la llamada necesidad sexual. De hecho, se advierte una y otra vez que, en el fondo de numerosos casos de frustración sexual, late, propiamente hablando, la frustración de la voluntad de sentido: sólo en el vacío existencial prolifera la libido sexual.

Como el mismo lenguaje enseña, el aburrimiento puede ser «mortal». Hay autores que llegan incluso a afirmar que los suicidios deben atribuirse, en última instancia, a aquel vacío interior que responde a la frustración existencial. Todos estos problemas adquieren en nuestros días una acusada actualidad. Vivimos en una época de creciente tiempo libre. Pero hay tiempo libre no sólo respecto de algo, sino también para algo. Sólo que el hombre existencialmente frustrado no sabe cómo o con qué llenar este tiempo.

Si nos preguntamos por las formas clínicas básicas bajo las que nos sale al paso la frustración existencial, habría que nombrar, entre otras, lo que en otro lugar («Sozialärztliche Rundschau», marzo de 1933) he llamado neurosis de paro laboral. Bajo este epígrafe deben incluirse también las crisis de los jubilados, un problema de suma actualidad e importancia para la medicina de la tercera edad. Se puede, honradamente hablando, estar de acuerdo con Hans Hoff, cuando declara: «En numerosos casos, la posibilidad de dar un sentido a la vida, también en el futuro, retrasa la aparición de los síntomas de vejez.» Y comprendemos la sabiduría que encierran las palabras pronunciadas por Harvey Cushing, el mayor especialista en cirugía cerebral de todos los tiempos, y citadas por Percival Bailey en la conferencia que pronunció con ocasión del 112 aniversario de la Asociación americana de psiquiatría: «Sólo existe una manera de hacer frente a la vida: tener siempre una tarea que cumplir.» Puedo añadir la anécdota personal de que pocas veces he visto en mi vida una mesa tan cargada de libros que esperan una lectura reposada y ponderada, como en la mesa de trabajo del profesor de psiquiatría vienés Josef Berze... cuando contaba ya noventa años de edad.

Del mismo modo que la crisis de jubilación presenta una neurosis de paro laboral que podemos calificar, por así decirlo, de permanente, existe también una neurosis periódica, pasajera. Me refiero a la «neurosis dominguera», una depresión que acomete a aquellas personas que se hacen conscientes del vacío de contenido de sus vidas cuando, al llegar el domingo y hacer alto en su trabajo cuotidiano, se enfrentan con el vacío existencial.

De ordinario, la frustración existencial no es manifiesta, sino latente. El vacío existencial puede quedar larvado, permanecer enmascarado; y conocemos varias máscaras bajo las que se oculta el vacío existencial. Pensemos simplemente en la enfermedad de los *managers* que, llevados de su afán de trabajo, se arrojan a una intensa actividad, de modo que la voluntad de poder —por no emplear la más primitiva y la más trivial expresión de «voluntad de dinero»— reprime la voluntad de sentido.

Pero así como los directivos tienen tanto trabajo que no les queda tiempo ni para respirar, y mucho menos para encontrarse a sí mismos, en cambio sus mujeres tienen demasiado poco que hacer y demasiado tiempo de ocio. No saben en qué emplear tantas horas libres y, por supuesto, desconocen mucho más aún el modo de emprender algo por propia iniciativa. Recurren entonces, para aturdir su vacío interior, a la bebida, los chismes y el juego... Todas estas personas no hacen sino huir de sí mismas, al entregarse a una forma de configuración de su tiempo libre que puedo calificar de centrífuga y a la que habría que oponer otra que intente dar a los hombres no sólo ocasión de esparcimiento, sino también de recogimiento y meditación interior.

El *horror vacui* —la angustia del vacío— no se da tan sólo en el ámbito físico, sino también en el psicológico. En la tentativa de ensordecer el vacío existencial con el rugido de los motores y la embriaguez de la velocidad veo yo el psicológico *vis a tergo* del vertiginoso aumento de la motorización. Considero el ritmo acelerado de la vida actual como un intento de automedicación —aunque inútil— de la frustración existencial. Cuanto más desconoce el hombre el objetivo de su vida, más trepidante ritmo da a esta vida. En este sentido parodia el cabaretista vienés Helmut Qualtinger, en una canción, a un afeminado «salvaje de la moto», a quien hace decir: «No tengo ni la menor idea de adónde voy, pero desde luego voy a toda máquina.»

Algunas veces, esta ambición puede tender a más altos objetivos. Conozco un paciente que era el exponente más típico de «enfermedad de manager» que jamás haya encontrado en mi vida. Se notaba a primera vista que trabajaba hasta matarse. Por fin, pudo ponerse en claro la razón que le impulsaba a entregarse con tal pasión al trabajo, hasta el límite del agotamiento: era, desde luego, bastante rico y tenía incluso una avioneta particular. Pero confesó que había cifrado toda su ambición en poder ser propietario de un avión a reacción, en vez de aquella avioneta vulgar y corriente.

Preocuparse por algo así como el sentido de la existencia humana, dudar de tal sentido o incluso hundirse en la desesperación ante la supuesta falta de sentido de la existencia, no es un estado enfermizo, un fenómeno patológico.

Justamente en el campo clínico debemos precavernos muy mucho de tal idea, que podríamos calificar de patologismo. Es cabalmente la preocupación por el sentido de su existencia lo que caracteriza al hombre como tal —no existe un solo caso de un animal preocupado por tales cuestiones— y no podemos reducir esto humano (más aún, precisamente lo más humano del hombre) a un simple «demasiado humano», calificándolo, por ejemplo, de debilidad, de enfermedad, de síntoma, de complejo.

Al contrario: conozco el caso de un profesor de universidad, a quien aconsejaron acudir a mi consulta porque se sentía desesperado ante el problema del sentido de la existencia. A lo largo de la conversación pudimos comprobar que se trataba más bien de un estado depresivo endógeno, no de un estado psicógeno o neurótico, sino somatógeno, es decir, psicótico. Se puso en claro que sus cavilaciones sobre el sentido de su vida no le acometían —contra lo que habría cabido imaginar— en los momentos de las fases depresivas. En estos momentos se sentía más bien tan invadido de hipocondría que ni siquiera hubiera sido capaz de plantearse tales cuestiones. Las cavilaciones le sobrevenían justamente en los momentos en que se encontraba bien. Con otras palabras: entre la necesidad espiritual de un lado y la enfermedad psíquica del otro, se había llegado, en este caso concreto, a una relación de exclusión.

Pero no es sólo que la frustración existencial esté lejos de ser algo patológico, sino que lo mismo cabe decir —y con muchísima más razón— de la voluntad misma de sentido. Esta voluntad, esta pretensión humana de una existencia llena, hasta el máximo posible, de sentido, es en sí misma tan poco enfermiza que puede —y debe— movilizársela como factor terapéutico. Conseguir este objetivo es uno de los propósitos primordiales de la logoterapia —en cuanto orientada al logos— lo que, en un contexto concreto, significa un tratamiento orientado al sentido (y reorientador del paciente). Algunas veces no se trata tan sólo de movilizar la voluntad de sentido, sino de despertarla a la vida allí donde ha sido resquebrajada, o permanece inconsciente, o ha sido reprimida o desplazada.

CAPÍTULO SÉPTIMO

EL SENTIDO DEL SUFRIMIENTO

En el ejercicio de su profesión, el médico se consagra específicamente al servicio de personas que sufren, algunas de las cuales son enfermos incurables. Se trata, pues, de personas que le enfrentan —precisamente a él— con la pregunta de si, ante este sufrimiento que no se puede modificar, más aún, que se ha convertido en destino inevitable, no ha perdido la vida todo su sentido. El médico se enfrenta, pues, con la doble tarea —que ha sido desde siempre inherente a su profesión— de devolver al enfermo su capacidad de trabajo y su capacidad de bienestar. Pero a todo esto es preciso añadir una tercera tarea: debe darle también su capacidad de sufrimiento. La capacidad de sufrimiento no es, en definitiva, otra cosa que la capacidad de realizar lo que yo llamo valores de actitud. En efecto no es sólo la creación (correspondiente a la capacidad de trabajo) la que puede dar sentido a la existencia (caso en el que hablo de realización de valores creadores), ni es sólo la vivencia, el encuentro y el amor (correspondientes a la capacidad de placer o bienestar) lo que puede hacer que la vida tenga sentido, sino también el sufrimiento. Más aún, en este último caso no se trata sólo de una posibilidad cualquiera, sino de la posibilidad de realizar el valor supremo, de la ocasión de cumplir el más profundo de los sentidos.

Así pues, desde la perspectiva médica, o por mejor decir, desde la perspectiva del enfermo, el problema central gira en torno a la actitud con que uno se enfrenta con la enfermedad, la disposición o talante con que se contempla esta enfermedad. En una palabra: se trata de la actitud adecuada, del adecuado y sincero sufrimiento de un auténtico destino. Del modo de soportar un padecimiento necesario depende que se esconda en él un posible sentido. ¿No nos trae esto a la memoria aquellos versos de Julius Sturm, que tanto llamaron la atención de Hugo Wolf?

Noche tras noche vienen la alegría y el dolor
y antes de que lo adviertas te abandonan los dos
y van a decir al Señor
cómo los has soportado[7].

Porque así es, efectivamente: lo que importa es cómo se soporta el destino, cuando ya no se tiene poder para evitarlo. Dicho de otra forma: cuando ya no existe ninguna posibilidad de cambiar el destino, entonces es necesario salir al encuentro de este destino con la actitud acertada.

Llegados aquí comprendemos claramente la razón que le asistía a Goethe para decir: «No existe ninguna situación que no pueda ser ennoblecida por el servicio o la paciencia.» Sólo que podríamos completarlo: la paciencia, al menos en el sentido de un padecimiento correcto y sincero del auténtico destino es ya de por sí un servicio y un rendimiento, el más noble servicio y rendimiento que le es dado prestar a un hombre. Comprendemos también las palabras de Hermann Cohen: «La suprema dignidad del hombre es el sufrimiento.»

Intentemos ahora dar una respuesta a la pregunta de por qué el sentido que el sufrimiento ofrece al hombre es el más elevado de cuantos podemos imaginar. Pues bien, ello se debe a que los valores de actitud demuestran ser más excelentes que los valores creadores y vivenciales, en cuanto que el sentido del sufrimiento es superior, dimensionalmente considerado, al sentido del trabajo y al sentido del amor. ¿Por qué? Partamos de la afirmación de que el *homo sapiens* puede articularse en el *homo faber*, que llena su sentido existencial mediante sus creaciones, en el *homo amans*, que enriquece el sentido de su vida a través de la experiencia, el encuentro y el amor, y el *homo patiens*, el hombre que presta «el servicio», el «rendimiento» de sus padecimientos. El *homo faber* es lo que solemos llamar una persona triunfante, un hombre que cosecha éxitos. Para él, sólo hay dos categorías y sólo en ellas piensa: triunfo o fracaso. Su vida se mueve entre estos dos extremos, en la línea de una ética del éxito. Pero para el *homo patiens* las cosas son diferentes: sus categorías no son éxito o fracaso, sino cumplimiento o desesperación.

En virtud de este par de categorías, el *homo patiens* adopta una posición vertical respecto de la línea de ética del éxito. El cumplimiento y la desesperación se insertan, efectivamente, en otra dimensión. De esta diferencia dimensional se deriva también una superioridad igualmente dimensional, porque el *homo patiens* puede realizarse incluso en el más estrepitoso fracaso. La experiencia enseña que son perfectamente compatibles el cumplimiento y el fracaso y, por el lado opuesto, el éxito y la desesperación. Pero esto no debe entenderse únicamente desde la diferencia dimensional de los dos pares de categorías. Por supuesto, si introyectamos el triunfo del *homo patiens*, su cumplimiento del sentido y su autorrealización en el sufrimiento, en la línea de la ética del éxito, entonces habría que reproducirlo, sobre la base de la diferencia dimensional, con trazos puntuales, es decir, parecería una nada, se impondría como un absurdo, O dicho de otra forma: a los ojos del *homo faber*, el triunfo del *homo patiens* es necedad y escándalo.

Por todo lo expuesto resulta claro que la posibilidad de realizar obras creadoras, es decir, de apoderarse del destino mediante la actuación correcta, garantiza la primacía frente a la necesidad de aceptar el destino con la actitud correcta, es decir, frente a la necesidad de realizar los valores de actitud. Brevemente: aunque la posibilidad de sentido que entraña el sufrimiento es, según la categoría de los valores, superior a la posibilidad de sentido creador, es decir, por mucho que corresponda al sentido del sufrimiento la primacía, la prioridad recae sobre el sentido creador. Efectivamente, aceptar un sufrimiento que no viene necesariamente marcado por el destino, sino un sufrimiento innecesario, no sería servicio, sino petulancia. El sufrimiento innecesario es —para decirlo con una expresión de Max Brod— infelicidad «innoble», no una «noble» desdicha.

¿Cómo se reflejan estas relaciones en el ámbito estricto de la práctica médica? Lo que hemos venido diciendo equivaldría a afirmar que un cáncer operable no es una enfermedad cuyo sufrimiento tenga sentido. Se trataría más bien de un sufrimiento petulante. El afectado tendría que recurrir al valor, es decir, al valor de someterse a la operación, mientras que el que se enfrenta rabiosamente con un cáncer inoperable debería recurrir a la humildad. En términos generales, los dolores no están inexorablemente impuestos por el destino, sino que se trata más bien de un sufrimiento sin sentido, ya que es posible apaciguarlos, calmarlos, dentro de límites sumamente amplios. Renunciar a narcosis o anestesias locales o, en el caso de una enfermedad incurable, a medicamentos calmantes o sedantes, no está en manos de todo el mundo, aunque tal vez lo estuviera en manos de Sigmund Freud. Es sabido que renunció heroicamente, hasta el último momento, a todo tipo de analgésicos. Pero, en general, no a todo el mundo puede exigirse tal renuncia. De hecho, no supone ningún «rendimiento» que yo renuncie voluntariamente a todo calmante.

El médico goza de la repetida oportunidad de ver cómo un paciente va llevando a cabo el cambio de rumbo, desde el primer plano de la conciencia cotidiana, desde la posibilidad, al alcance de toda existencia media, de dar un sentido a su vida mediante una actividad creadora, a la necesidad de dar un sentido a la existencia mediante el sufrimiento, mediante la aceptación de un destino doloroso. De la mano de un caso concreto voy a intentar demostrar aquí cómo no sólo la renuncia al trabajo y a la posibilidad de sentido que se encierra en él, sino también la renuncia al amor, puede inducir a una persona a aceptar y realizar una oportunidad del cumplimiento de sentido, elegida de entre las diversas posibilidades que se encierran en este empobrecimiento marcado por el destino.

Vino a visitarme un doctor, durante muchos años dedicado al ejercicio de la medicina práctica. Hacía un año que había muerto su mujer, a la que amaba más que a todas las cosas del mundo, y se sentía incapaz de sobreponerse a esta pérdida. Pregunté a este paciente, aquejado por una grave depresión, si había reflexionado sobre lo que habría ocurrido si las cosas hubieran sucedido al revés, es decir, si él hubiera muerto antes que su mujer. «Inimaginable», respondió. «Se habría hundido en la desesperación.» Entonces, sólo necesité hacerle caer en la cuenta: «Vea usted, todo esto se le ha ahorrado a su mujer, aunque ciertamente ahorrado al precio de que sea usted ahora el que cargue con la tristeza.» En aquel preciso instante, su sufrimiento adquirió un sentido: el sentido de un sacrificio. No podía cambiar ni un ápice el destino. Pero había cambiado la actitud. El destino le había arrebatado la posibilidad de cumplir su sentido en el amor. Pero le quedaba la posibilidad de adoptar, frente a este destino, la actitud adecuada.

O podría citar también la carta que me escribieron algunos presos del penal de Florida: «He encontrado el sentido de mi vida ahora, cuando estoy en la cárcel, y sólo tengo que esperar algún tiempo, hasta que tenga la ocasión de repararlo todo, de hacerlo todo mejor.» El número 049246 me escribe: «Aquí, en la cárcel, hay siempre oportunidades para prestar algún servicio y para superarse a sí mismo. Tengo que decir que de alguna manera soy más feliz que nunca.» Y el número 552-022: «Querido doctor: Durante los dos últimos meses un grupo de presos hemos leído entre nosotros sus libros y escuchado sus cintas. ¡Qué cierto es que también en el sufrimiento se puede encontrar un sentido... De alguna forma, mi vida ha comenzado ahora; ¡qué glorioso sentimiento! Es conmovedor ver cómo mis hermanos tienen, en nuestro grupo, las lágrimas en los ojos, porque aquí y ahora su vida ha alcanzado un sentido que antes consideraban totalmente imposible. Lo que ha sucedido raya en lo milagroso. Hombres que antes se hallaban desamparados y sin esperanza, ven ahora un nuevo sentido en sus vidas. Aquí, en la prisión, rodeados de las más severas medidas de seguridad de toda Florida —aquí, a unos cientos de metros de la silla eléctrica— precisamente aquí son nuestras lágrimas sinceras. Estamos cerca de navidad. Pero para nosotros la logoterapia es la resurrección. Desde el Gólgota de Auschwitz se levanta, en esta mañana de resurrección, el sol del amanecer. ¡Qué nuevo día llega hasta nosotros!»

CAPITULO OCTAVO

PASTORAL MÉDICA

Los casos antes citados pueden definirse como una pastoral auténtica, una pastoral con la que el médico se enfrenta día a día en sus consultas. Es decir, se trata de una actividad que se inscribe en el ámbito de las tareas médicas legítimas: «Pastoral médica» es cosa que afecta al especialista en enfermedades internas que se enfrenta con enfermedades incurables, al geriatra que se ocupa de ancianos achacosos, al dermatólogo consagrado a personas con deformidades, al ortopedista que trata a gentes contrahechas o al cirujano, obligado muchas veces a privar del habla a un paciente, a causa de una operación. Todos ellos trabajan con pacientes enfrentados a un destino que no se puede modificar o que es, incluso, inevitable. En estas situaciones, en las que ya no es posible curar, y ni tan siquiera aliviar, sólo nos queda un recurso: tratar de infundir consuelo. Que esto cae dentro del campo de competencias del médico puede verse testificado por la inscripción que campea en la entrada principal del Hospital General de Viena, y con la que el emperador José II dedicó al pueblo aquel establecimiento: *saluti et solatio aegrorum*: no sólo para curar, sino también para consolar a los enfermos. En el reglamento de la American Medical

Association se encuentra una indicación similar: «El médico también debe consolar las almas. Esto no es en modo alguno competencia sólo del psiquiatra. Es, total y absolutamente, tarea de todo médico dedicado a su profesión.» Por supuesto: se puede ser médico y despreocuparse en absoluto de esta tarea. Pero entonces, habría que decir lo mismo que en un contexto análogo afirmó Paul Dubois: que lo único que les diferencia de los veterinarios es... el cliente.

Son las situaciones forzosas las que reclaman del médico el ejercicio de la pastoral médica: «Son los pacientes los que nos enfrentan con la tarea de asumir también la misión de la pastoral» (Gustav Bally). Se trata de una misión a la que el médico se ve empujado (Karl Jaspers, Alphons Maeder, W. Schulte, G.R. Heyer, H.J. Weitbrecht, etc.). «La psicoterapia... es inevitable, aun en el caso de que uno quiera desentenderse de ella... Con frecuencia, es preciso ejercer de forma expresa los cuidados propios de la pastoral...» (A, Görres, «Jahrbuch für Psychologie und Psychotherapie», 6, 200, 1958). Evidentemente, la pastoral médica no es en modo alguno un sustitutivo de la auténtica pastoral, que es y será siempre la pastoral sacerdotal. Pero entraña una realidad auténtica la afirmación de Victor E. v. Gebsattel cuando hablaba de la «migración de la humanidad occidental del sacerdote al neurólogo», un hecho al que el sacerdote no puede cerrar los ojos y el neurólogo no puede negar su colaboración.

En una época como la nuestra —una época de amplia difusión de la frustración existencial— en esta época en que son tantas las personas desesperadas, porque desesperan del sentido de su vida y en las que son tantos los que se han incapacitado para el sufrimiento en la misma exacta medida en que han supravalorado y divinizado la capacidad de trabajo o de bienestar y placer, en esta época, repito, todas las cosas de que venimos hablando adquieren una particular actualidad. Por supuesto, también en épocas pasadas existió algo así como la frustración existencial; pero los hombres que la sufrían acudían al sacerdote, no al médico.

Con todo, hay una cosa que no debemos olvidar: aunque la frustración existencial no presenta, de por sí, un factum patológico, es muy posible que llegue a serlo, es decir, la frustración no es obligatoriamente, pero sí facultativamente, de tipo patógeno: puede desembocar en neurosis, pero no es necesario y, a la inversa, una neurosis puede fundamentarse en una frustración existencial, en la duda o en la desesperación en casos concretos referidos al sentido personal de una existencia, pero no es su fundamento necesario.

Ahora bien, si en un caso concreto la frustración existencial facultativamente patógena se convierte en patógena de hecho, es decir, si en un caso concreto desemboca en una enfermedad neurótica, entonces yo califico a esta neurosis de «noógena». Quede, pues, bien en claro, que lo patógeno no es la frustración existencial y que no toda enfermedad neurótica es noógena.

Llegados a este punto de nuestras reflexiones, apunta, pues, junto al ya mencionado peligro de patologismo, otro peligro: el de neologismo. Incurriría en el error de patologismo quien pretendiera afirmar que toda desesperación desemboca en neurosis. Y, a la inversa, incurriría en el error de neologismo quien afirmara que toda neurosis se fundamenta en la desesperación. No podemos pasar por alto el elemento espiritual: pero tampoco debemos supravalorar lo espiritual. Ver exclusivamente en lo espiritual la causa única de las enfermedades neuróticas es hacerse reo de noologismo. Las neurosis no enraízan tan sólo en las capas del espíritu, sino también en las psicofísicas. Más aún, no vacilo en afirmar que las neurosis, en el estricto sentido de la palabra, deben definirse como enfermedad no noógena sino, más bien, psicógena.

Y mucho menos puede afirmarse que toda enfermedad, es decir, no sólo las psicógenas, sino también las somatógenas, sean de tipo noógeno, como hace de hecho un neologismo que se da a sí mismo el nombre de psicosomático, pero que es en realidad noosomático. La medicina psicosomática enseña que sólo está enfermo el que se siente enfermo; pero puede demostrarse que, en algunas circunstancias, está también enfermo el que se siente feliz. De hecho, la enfermedad corporal está muy lejos de tener aquella importancia para la biografía personal y aquel valor de expresión personal que tan magnánimamente le atribuye la medicina psicosomática. Por supuesto, estas cosas tienen en la existencia humana una cierta importancia biográfica y, en cuanto que tienen esta importancia, tienen también un valor de expresión. En definitiva, la biografía no es sino la explicitación en el tiempo de la persona: en la vida que sigue su curso, en la existencia que se desarrolla en el tiempo, se despliega la persona, se desarrolla, como una alfombra que sólo así descubre su inconfundible e intransferible dibujo.

Ahora bien, el cuadro de la enfermedad orgánica no es un fiel reflejo de la persona. La medicina psicosomática echa sus cuentas sin contar con el tendero, sin el organismo psicosomático. Mientras seamos conscientes de que el hombre no puede imponer en el organismo psicofísico en cuanto tal, lo que desearía en cuanto persona espiritual, deberemos precavernos, atendida esta *impotentia oboedientialis*, del error de atribuir toda enfermedad corporal a un fallo espiritual. Prescindiremos aquí de los extremismos de la noosomática, como aquel que afirma, por ejemplo, que un cáncer significa un suicidio inconsciente, si no ya una ejecución inconsciente de la pena capital, a la que uno se condena por algún complejo de culpabilidad.

Aunque es bien cierto que el hombre es esencialmente un ser espiritual, no lo es menos que es también una esencia finita; esta limitación responde al condicionamiento humano, que sólo es facultativamente incondicionado, pero que, en el terreno táctico, está siempre condicionado. De donde se deduce que la persona espiritual no puede imponerse incondicionalmente, a través de las capas psicofísicas. Ni siempre es perceptible la persona espiritual a través de las capas psicofísicas, ni tampoco es siempre eficaz. Cierto que el organismo psicofísico es el conjunto de órganos, de instrumentos, es decir, de medios para un fin. Pero este medio es, respecto de su función expresiva, sumamente confuso y, respecto de su función instrumental, sumamente negligente.

Es cierto que toda enfermedad tiene su «sentido». Pero el sentido auténtico de una enfermedad no está allí donde le busca la investigación psicosomática, no en el qué del estar enfermo, sino más bien en el cómo del sufrimiento. Por consiguiente, es un sentido que debe estar ya dado en la enfermedad y esto sucede siempre que el paciente, el *homo patiens*, cumple en un padecimiento auténtico y marcado por un auténtico destino el posible sentido de un sufrimiento necesario e inevitable. No es competencia del médico asignar, mediante sus interpretaciones psicosomáticas, este sentido.

Aparte lo dicho, es evidente que también el qué del

estar enfermo tiene su sentido. Pero se trata de un suprasentido, es decir, de algo que desborda toda la capacidad
de la comprensión humana. Es algo que está más allá
de los límites de toda temática psicoterapéutica legítima.
Desbordar estos límites, el obstinado intento de penetrar
en el campo de una pathodicea o incluso de una teodicea,
condena al médico al fracaso. O, cuando menos, se halla-
rá en la misma apurada situación de aquel hombre que,
preguntado por su hijo hasta qué punto es Dios amor, le
quiso responder con un ejemplo: «Pues, mira, te ha cura-
do del sarampión.» A lo que el niño respondió: «Sí, pero
también me lo envió.»

También el médico debe conocer no sólo la voluntad
de sentido, sino el sentido del sufrimiento. En esta época
de duda del sentido, es más necesario que nunca que tenga
conciencia —y haga consciente al paciente— de que la vida
del hombre, también la del hombre que sufre, sigue siempre teniendo un sentido. En lugar de aducir aquí reflexiones
teoréticas, me gustaría más referirme a experiencias de la
vida práctica. Traeré aquí a colación un caso concreto.

Un día caí por casualidad en una sesión de terapia de
grupo organizada por mi ayudante, el doctor K. Kocourek. En aquel momento discutía el grupo el caso de una
mujer, que acababa de perder a su hijo, de 11 años, víctima de un ataque de peritonitis. Sólo le quedaba otro hijo,
de veinte años, atacado por la diplegia de Little, de modo
que era preciso llevarle en silla de ruedas. La madre había
intentado quitarse la vida, por lo que fue preciso internarla en la clínica. Tomé parte en la discusión del caso e
hice salir del grupo a una joven a la que pedí, improvi-
sando, que se imaginara ser una mujer de ochenta años,
cercana a la muerte, que echaba una mirada retrospectiva

a su vida, una vida que —suponíamos— había estado llena de prestigio social y éxitos amorosos, pero nada más. ¿Qué se diría a sí misma? «Todo me fue bien en la vida, fui rica, mimada, traía a los hombres locos, flirteé con ellos y no me privé de ningún placer. Ahora soy vieja, no tengo hijos y tengo que confesar que, estrictamente hablando, mi vida fue un fracaso, porque no puedo llevarme nada conmigo al sepulcro. ¿Para qué estuve en el mundo?» A continuación invité a la madre del inválido a ponerse con la imaginación en aquella misma situación y que nos dijera cuáles serían sus pensamientos: «Deseé tener hijos y se cumplió este deseo. El más joven murió y sólo me quedó el mayor. De no haber estado yo, no hubiera podido hacer nada a derechas. Habría acabado en un establecimiento cualquiera para débiles mentales. Pero estaba yo allí y pude hacer de él un hombre. *Mi* vida no fue *un* fracaso. Estuvo llena de dificultades, tuve que cumplir muchas tareas, pero el sentido de mi vida fue llevarlas a cabo. Ahora puedo morir en paz.» Sólo entre sollozos pudo aquella mujer pronunciar estas palabras. De ellas pudieron extraer los demás pacientes la conclusión de que lo que importa no es tanto que la vida de una persona esté llena de dolor o de placer, sino que esté llena de sentido.

CAPÍTULO NOVENO

LOGOTERAPIA Y RELIGIÓN[8]

Para la logoterapia la religión sólo puede ser un objeto, no una posición. La religión es un fenómeno del hombre, del paciente, un fenómeno entre otros muchos de los que encuentra la logoterapia. En principio, tanto la existencia religiosa como la no-religiosa son, para la logoterapia, fenómenos coexistentes, es decir, frente a ellos el logoterapeuta debe adoptar una actitud neutral. La logoterapia es una orientación de la psicoterapia y ésta —al menos según la legislación médica austríaca— sólo puede ser ejercida por quienes son doctores en medicina. Así pues, ya por esta simple razón, y aunque no hubiera otras, el logoterapeuta, en cuanto obligado por el juramento hipocrático, tiene que procurar que su método y su técnica logoterapéuticos sean aplicables a todos los enfermos, con independencia de sus opiniones filosóficas o religiosas personales.

Hecha esta aclaración sobre la posición de la logoterapia en el contexto global de la medicina, hablaremos ahora de su delimitación frente a la teología que, a nuestro parecer, puede trazarse de la siguiente manera: el objetivo de la psicoterapia es la salud psíquica, el objetivo de la teología es la salud del alma. No pretendemos afirmar, por supuesto, que los objetivos de la psicoterapia y de la religión se

109

dirijan al mismo nivel del ser. La dimensión en que se encuentra el hombre religioso es más elevada, quiero decir, más amplia y universal que la dimensión en que se mueve la psicoterapia. Pero esta irrupción en una dimensión más elevada no se produce a través del conocimiento, sino de la fe.

Si queremos ahora precisar las relaciones de la dimensión humana con la divina, es decir, con la dimensión ultrahumana, podemos recurrir a la comparación de la sección áurea. Es sabido que, según este principio matemático, la parte menor se ha a la mayor como esta mayor se ha al todo. Es un axioma que el animal se adapta al ambiente, mientras que el hombre «tiene el mundo» (Max Scheler). Pero, por otra parte, el mundo humano se ha al mundo superior no de otra manera que el entorno animal se ha al mundo humano. Lo cual quiere decir que del mismo modo que el animal no es capaz de entender, a partir de su entorno, al hombre y a su mundo, tampoco es posible que el hombre pueda comprender el mundo superior.

Tomemos el ejemplo de un mono, a quien se le administran inyecciones dolorosas para obtener un suero. ¿Puede comprender la razón de sus dolores? Desde su entorno, le resulta totalmente imposible seguir las reflexiones del hombre que le hace sufrir con sus experimentos, porque el mundo humano es inaccesible para él. No llega a este mundo, no puede penetrar en su dimensión. ¿No debemos admitir que también el mundo humano, por su parte, es superado por otro mundo a su vez no accesible al hombre, un mundo cuyo sentido, cuyo suprasentido, es el único que puede dar sentido a su dolor?

Ahora bien, el paso realizado por la fe hacia la dimensión ultrahumana se fundamenta en el amor. De suyo, se trata de una realidad bien conocida. Es menos conocido, en cambio, el hecho de que para esta realidad existe una preformación subhumana. ¿Quién no ha visto cómo un perro, a quien, por su propio bien, digamos a través de un veterinario, es preciso causarle un dolor, mira lleno de confianza a su dueño? El animal no puede «saber» cuál es el sentido de su dolor, pero «cree», en cuanto que confía en su amo, y confía —*sit venia anthropomorphismo*— precisamente porque le ama.

Pero en este terreno del «paso a la dimensión ultrahumana», es preciso no forzar las cosas, y mucho menos en la psicoterapia. Nos basta con que no quede bloqueada la puerta hacia lo ultrahumano a través del reduccionismo practicado por un psicoanálisis mal entendido y vulgarmente interpretado, que luego es aplicado a los pacientes. Nos damos por satisfechos con que no se represente a Dios como «nada más que» una imago del pater y a la religión como «nada más que» una neurosis de la humanidad, ni se les rebaje de esta guisa a los ojos del paciente.

Aunque, como dijimos de entrada, la religión no es para la logoterapia más que un objeto, con todo, es algo que lleva muy en el corazón y ello por una razón muy simple: en el contexto de la logoterapia, logos significa espíritu y, además, sentido. Bajo la palabra espíritu hay que entender la dimensión de los fenómenos específicamente humanos. En oposición al reduccionismo, la logoterapia se niega a reducirlos a fenómenos subhumanos o bien a deducirlos de éstos.

Habría que localizar dentro de la dimensión específicamente humana, entre otros, los fenómenos de la autotrascendencia de la existencia al Logos. De hecho, la existencia humana tiende siempre más allá de sí misma, tiende siempre hacia un sentido. Desde esta perspectiva, la existencia humana no se afana por el placer o por el poder, ni tampoco por la autorrealización, sino más bien por el cumplimiento de un sentido. En la logoterapia hablamos de una voluntad de sentido.

En la medida en que podemos definir al hombre como ser responsable, el hombre es responsable del cumplimiento de un sentido. En lugar de la pregunta del para qué, en la psicoterapia debe plantearse y quedar abierta la pregunta del «ante quién» de nuestro ser responsable. Debe dejarse al paciente la decisión de cómo interpreta su responsabilidad, si como responsabilidad ante la sociedad, ante la humanidad, ante la conciencia, o bien no ante algo, sino ante alguien, ante la divinidad.

Podría objetarse que no puede dejarse abierta esta pregunta del ante quién de la responsabilidad del paciente, sino que hace ya mucho tiempo que ha sido respondida bajo la forma de revelación. Pero esta prueba cojea. Se apoya, efectivamente, en una *petitio principii*, porque el hecho de que yo reconozca la revelación como tal presupone ya una decisión de fe. No conseguiría, pues, lo más mínimo el que, frente a un incrédulo, aludiera al hecho de que existe una revelación, porque si el paciente la aceptara como tal, ya no sería incrédulo.

La psicoterapia debe moverse, pues, del lado de acá de la fe en la revelación y a la pregunta del sentido debe dársele una respuesta del lado de acá de la línea que marca la separación entre la concepción teísta del mundo de una parte y la ateísta de la otra. Pero si esta pregunta se plantea el fenómeno de la fe no como fe en Dios, sino como fe en un sentido más universal, entonces resulta del todo legítimo contemplar el fenómeno de la fe y ocuparse de él. En esta perspectiva, se trataría ya de una actitud que estaría de acuerdo con Albert Einstein, que afirmó que un hombre que ha encontrado una respuesta al problema del sentido de la vida es un hombre religioso. Según las concepciones kantianas, la fe del hombre en el sentido es una categoría trascendental. Del mismo modo que, a partir de Kant, sabemos que es hasta cierto punto insensato preguntarnos por categorías tales como tiempo y espacio, ya por el simple hecho de que no podemos pensar, y por tanto no podemos interrogar sin presuponer de antemano el tiempo y el espacio, del mismo exacto modo el ser humano es, ya de antemano, un ser hacia el sentido, incluso aunque no lo advierta. Existe, de todas formas, algo así como un pre-saber, un saber previo del sentido. Un barrunto así de sentido sirve de base a lo que en logoterapia llamamos «voluntad de sentido». Que lo quiera o no, que lo advierta o no, el hombre cree en un sentido hasta su último aliento. También el suicida cree en un sentido, si no de la vida, de la prolongación de la vida, sí al menos en un sentido de la muerte. Si ya no creyera en ningún sentido, no podría ni tan siquiera mover un dedo y por tanto tampoco se suicidaría.

He visto morir a ateos convencidos que, a lo largo de su vida, se sentían horrorizados ante la sola idea de una «esencia superior» o cosas semejantes, que se negaban a admitir un sentido más alto desde un punto de vista dimensional. Pero, en su lecho de muerte tuvieron algo que fueron incapaces de vivir con anterioridad a lo largo de decenios: una seguridad que no sólo se burla de su concepción del mundo, sino que ya no puede intelectualizarse y racionalizarse. *De profundis* irrumpe algo, pugna por salir algo, asoma una confianza sin límites que no sabe al encuentro de qué o de quién se va ni tampoco en qué o quién confía, pero que se rebela al conocimiento del infausto pronóstico. En esta misma sintonía se halla

Walter v. Baeyer cuando escribe: «Nos atenemos a observaciones e ideas expresados por Plügge. Desde un punto de vista objetivo, ya no existe ninguna esperanza. El enfermo, que conserva su plena lucidez, tiene que haber advertido hace ya tiempo que está desahuciado. Pero sigue esperando hasta el fin. ¿En qué? La esperanza de estos enfermos, que a primera vista puede ser ilusoria y estar encauzada a la curación en este mundo y que sólo puede barruntarse en el fundamento oculto de su contenido trascendental de sentido, tiene que estar anclada en el ser humano, que nunca puede estar sin esperanza, tiene que apuntar de forma anticipada a un cumplimiento futuro. Creer en este cumplimiento es cosa adecuada y natural para el hombre, incluso para el que no admite dogmas.»

El lector ha encontrado antes una cita de Albert Einstein, según la cual el hombre que ha encontrado una respuesta al problema del sentido de la vida es un hombre religioso. Me gustaría sólo añadir que algo parecido había dicho ya Paul Tillich, cuando nos ofreció la siguiente definición: «Ser religioso significa plantearse apasionadamente la pregunta del sentido de nuestra existencia.» Ludwig Wittgenstein ofrece la siguiente definición: «Creer en Dios significa ver que la vida tiene un sentido» (*Tagebücher* 1914-1916). En todo caso, cabe afirmar que la logoterapia —que es siempre en primer término una psicoterapia y que, en cuanto tal, pertenece al campo de la psiquiatría y de la medicina— está legitimada para ocuparse no sólo de la «voluntad de sentido», como lo designa la logoterapia, sino también de la voluntad de un sentido *último*, de un suprasentido como acostumbro a llamarlo yo. La fe religiosa es en definitiva la fe en este suprasentido, un confiar en el suprasentido.

Por supuesto, esta nuestra concepción de la religión

tiene, honradamente hablando, muy poco que ver con la estrechez confesional y su consecuencia, la miopía religiosa, que considera a Dios como un ser que en el fondo sólo tiene interés en una cosa: en que sea lo más elevado posible el número de los que creen en él y, además, exactamente tal como lo prescribe una determinada confesión. Por mi parte, no puedo sencillamente imaginarme un Dios tan meticuloso. Tampoco puedo imaginar que una Iglesia me *pida* que crea. En todo caso, no puedo *querer* creer, del mismo modo que no puedo obligarme a amar o no puedo obligarme a tener esperanza contra un mejor saber. Hay cosas que no están al alcance de un querer o no querer y que, por consiguiente, tampoco se pueden pedir o mandar. Para poner un sencillo ejemplo: si alguien quiere que me ría, tiene que procurar contarme un buen chiste.

Lo mismo ocurre con el amor y la fe: son cosas que no se dejan manipular. En cuanto fenómenos intencionales, sólo surgen cuando se da un contenido y un objeto adecuados.

En una entrevista, una reportera del semanario «Time» me preguntó si la tendencia de la época alejaba de la religión. Respondí que de la religión no, pero sí de aquellas confesiones que, al parecer, sólo se preocupan de combatirse entre sí y de lanzar a unos creyentes contra otros. Entonces, la reportera pasó a preguntar sí aquello significaba que, más pronto o más tarde, se llegaría a una religión universal, cosa que negué. Al contrario, le dije, vamos no hacia una religión *universal*, sino a una religiosidad personal —profundamente personalizada—, a una religiosidad a partir de la cual cada individuo encontrará su lenguaje personal, propio y original para dirigirse a Dios.

Todo esto tampoco quiere decir, evidentemente, que

no se den rituales y símbolos comunes. También existe una pluralidad de lenguas y, sin embargo, ¿no usan muchas de ellas un mismo alfabeto?

De una u otra forma, la diversidad de las religiones se parece algo a la diversidad de las lenguas: nadie puede decir que su lengua sea superior a las de los demás: en todas las lenguas puede el hombre acercarse a la verdad —a la única verdad— y en todas las lenguas puede equivocarse y hasta mentir. Del mismo modo, también se puede encontrar, a través del medio de cualquier religión, a Dios, al único Dios. Habría, de todas formas, que preguntarse si, en realidad, puede hablarse de Dios, y no hablar más bien con él. La frase de Ludwig Wittgenstein: «whereof one cannot speak, thereof one must be silent» —de lo que no se puede hablar, mejor es callar— no sólo puede traducirse del inglés al castellano, sino también del agnosticismo al teísmo: de lo que no se puede hablar, a esto se debe orar.

Hoy día los pacientes se dirigen al psiquiatra porque dudan del sentido de su vida, o porque desesperan incluso de que puedan encontrar este sentido. Propiamente hablando, nadie puede quejarse hoy de que falte un sentido a la vida. Basta sólo lanzar una mirada al horizonte para advertir que, aunque es cierto que nosotros nadamos en la abundancia, hay otros que están hundidos en la necesidad. Disfrutamos de libertad, pero ¿dónde está la responsabilidad hacia los demás? En los largos milenios del pasado, los hombres lucharon por la fe en un solo Dios, por el monoteísmo, pero ¿dónde está el conocimiento de una sola humanidad, el conocimiento de lo que podríamos llamar monantropismo, el conocimiento de la unidad de la humanidad, una unidad por encima de todas las diferencias, sean color de la piel o del color del partido?

CAPÍTULO DÉCIMO

CRÍTICA DEL PSICOLOGISMO DINÁMICO

W. Van Dusen ha afirmado: «Todas las terapias se fundan en una concepción del mundo. Pero, en lo atañente a esta concepción, son pocas las que ponen las cartas sobre la mesa, tal como lo hace el análisis existencial.» De hecho, toda psicoterapia hace suya una determinada antropología, también el psicoanálisis. Nada menos que el psicoanalista Paul Schilder ha confesado que, en efecto, el psicoanálisis es una «concepción del mundo». Me atrevería a decir que toda psicoterapia se basa en premisas antropológicas o —si éstas no llegan al nivel consciente— en implicaciones antropológicas. Y esto es aún peor: debemos a Sigmund Freud el conocimiento del peligro que acecha a los contenidos psíquicos y también, podemos añadir, a las actitudes espirituales, cuando son inconscientes. No vacilo en afirmar que, apenas el psicoanalista pide al paciente que se tienda en el diván y asocie libremente, le transmite ya, por el mismo hecho, una determinada concepción del hombre, una concepción que deja descolgada la personalidad del paciente, que evita el encuentro personal de hombre a hombre, de cara a cara, de frente a frente. Si un psicoanalista se inclina a mantenerse alejado de todo tipo de valoraciones, esta misma inclinación

117

implica ya por su parte un juicio de valor. ¿Qué ocurre en la praxis? Consideremos sencillamente las asociaciones libres, en cuya producción, como es bien sabido, se basa el método del tratamiento psicoanalítico. «Ya en la misma afirmación, implícita en la indicación de que se entrega a la asociación libre, de que está permitido entregarse al juego de ocurrencias libres, hay una decisión, que está muy lejos de ser evidente, sobre el poder y el deber del hombre y, por ende, incluye una respuesta parcial a la pregunta de qué es el hombre y cuál ha de ser una imagen correcta y su objetivo» (A. Görres, *Methode und Erfahrungen der Psychoanalyse*, Munich 1958).

Un hombre de tan sólida garantía como es el conocido psicoanalista Emil A. Gutheil (Nueva York), editor del «American Journal of Psychotherapy», alza su voz admonitoria: «Hoy día, sólo en contados casos puede con fiarse en que las asociaciones de los pacientes sean realmente espontáneas. La mayoría de las asociaciones que produce el paciente en el curso de un tratamiento prolongado son cualquier cosa menos "libres"; al contrario, están calculadas de tal modo que puedan transmitir al analista unas ideas determinadas, de las que el paciente supone que son las que el analista está deseando recibir. En estos casos, los pacientes ofrecen un material asociativo previamente calculado, encaminado a despertar la aprobación del analista. Al parecer, los pacientes de los seguidores de Adler sólo tienen problemas de poder y sus conflictos están, a lo que parece, exclusivamente condicionados por la ambición, el afán de superioridad y cosas similares. Los pacientes de los seguidores de Jung inundan a sus médicos con arquetipos y todo tipo de simbolismos parecidos. Los freudianos ven confirmados, en labios de

sus pacientes, los complejos de castración, el trauma de generación y otras cosas similares.»
¿No cabría pensar que el análisis del aprendizaje ayuda a prevenir las valoraciones inconscientes? Sólo que, en mi opinión, este análisis más bien tiende a dejar surgir tales valoraciones. No es necesario ir tan lejos como William Sargant, que en su libro *Battle for the Mind* alude a que muchas veces se considera ya acabado el psicoanálisis cuando el paciente ha aceptado en su totalidad los puntos de vista del psicoterapeuta y se ha quebrantado toda resistencia respecto de la interpretación psicoanalítica de los acontecimientos del pasado. Esto es, ciertamente, ir demasiado lejos. Pero no es menos cierto que el analista neoyorquino J. Marmor («The American Journal of Psychiatry», 110, 370, 1953) advierte el peligro de que el analista considera toda crítica a su persona o al psicoanálisis como expresión de una resistencia del paciente. Yo iría aún más lejos, al expresar en público mis dudas sobre el hecho de que el fenómeno contrario de la resistencia, es decir, no la transferencia negativa sino la positiva o —si puede decirse de esta forma— la falta de resistencia del paciente, tal vez incluya en sí una falta de crítica respecto del psicoanálisis. Esto puede ser aplicable, en muy buena medida, precisamente al análisis del aprendizaje. El psicólogo londinense H.J. Eysenck declara estrictamente que todo el que permite que se le haga un análisis de aprendizaje «se incapacita para juzgar ya con objetividad y sin prejuicios las concepciones psicoanalíticas.» «Si el psicoanalista afirma que el "psiquiatra de escuela" no analizado no puede, ni con la mejor voluntad, hacer interpretaciones psicológicamente "correctas", hemos llegado aquí al punto en que finaliza el diálogo científico y se instala en su lugar una decisión de fe»,

declara H.J. Weitbrecht. Pero no sólo se atemoriza y se intenta apartar de la discusión científica al participante no analizado, con el recurso de aludir a su «no estar analizado» y, por lo mismo, a su incapacidad de intervenir en el diálogo, sino que también se manipula» de manera análoga, la opinión pública, al inocular en las masas los complejos de culpabilidad. Se actúa como si el que está en contra del psicoanálisis fuera ya de antemano sospechoso de ser neurótico, o represivo o reaccionario, o quién sabe si antisemita o incluso nacionalsocialista.

Es inherente a la esencia del psicologismo extraer, del nacimiento de un acto espiritual, conclusiones sobre la validez de su contenido, o, con otras palabras: el psicologismo está empeñado en la tarea de desmontar algo lógicamente a base de deducirlo psicológicamente. En el caso particular de S. Freud afirma H. Kunz: «La falta de precaución de Freud al introducir el psicologismo, es decir, el recurso a tendencias de tipo desconocido en la lucha por el psicoanálisis, puede tal vez estar enraizada en un afán extracientífico.» El interés por motivaciones psicológicas, dice Dietrich von Hildebrand, es decir, por saber por qué alguien manifiesta una opinión, hace una afirmación o acepta un punto de vista frente a una teoría; todo esto desplaza cada vez más el interés por el problema mismo, es decir, por comprobar si la opinión, la afirmación o la teoría es o no verdadera. Apenas se hace esto, continúa Dietrich von Hildebrand, comienza a desarrollarse una devastadora perversión («a disastrous perversión»).

Para aducir un ejemplo: Sigmund Freud presenta la filosofía como «una de las formas más decorosas de la sublimación de la sexualidad reprimida, nada más» (Ludwig Binswanger, *Erinnerungen an Sigmund Freud*, Berna 1956). Ahora podemos entender por qué Scheler ha hablado del psicoanálisis como de una «alquimia», según la cual sería posible extraer de los instintos cosas tales como bondad, amor, etc. Es totalmente imposible «deducir de los meros instintos una existencia tan ejemplar como la que el mismo Freud supo llevar. Una transformación de los instintos, a partir de sí mismos, para convertirse en deber de veracidad y en autosacrificio al servicio de la ciencia, tal como se perfila en el destino de Freud, es algo para siempre inimaginable» (M. Boss).

Evidentemente: puede haber casos en los que la preocupación y cavilosidad del hombre, digamos por algo así como el sentido último y más elevado de su vida, no sea «más que» una sublimación de instintos reprimidos. Y puede también haber casos en los que los valores sean realmente «formaciones de reacción y racionalizaciones secundarias». Para algunos autores, como Ginsburg y Herma, son, en efecto, esto y nada más. Pero se trata de simples excepciones y, en términos generales, la lucha por un sentido de la existencia es un factor primario, más aún, la característica más primaria o, sí queremos llamarla así, un constitutivo de la existencia humana.

Desenmascarar, poner al descubierto, puede ser necesario. Pero es preciso detenerse ante lo auténtico; esta tarea descubridora sólo puede ser medio para el fin de poner de relieve lo que es auténtico, para distinguirlo de lo inauténtico y hacer que de este modo destaque más. Pero cuando el desenmascaramiento se convierte en fin de sí mismo, cuando no se detiene ante lo auténtico, lo que, precisamente, por auténtico, no tiene por qué desenmascararse, entonces esta tarea ya no es mero medio para el fin, entonces esta tendencia a desenmascarar no es sino una tendencia a desvalorizar. Ante los árboles de las mentiras de la vida, el psicólogo desenmascarador ya no sabe ver el bosque de la vida misma. Y así, el afán de desenmascarar, de poner al descubierto, acaba en cinismo y, al fin, se convierte a sí mismo en máscara: en máscara del nihilismo. Lo que menos puede hacer la psicoterapia es permitirse el lujo de ignorar la voluntad de sentido, en el sentido de afirmar, siguiendo los dictados de una psicología que se designa a sí misma como desenmascaradora, que la voluntad de sentido no es un factor originario, sino una simple máscara. Una vez se dirigió a mí un diplomático norteamericano, que había estado sujeto a tratamiento psicoanalítico en Nueva York nada menos que durante cinco años. Estaba dominado por un único deseo: abandonar la carrera diplomática. Pero, durante todo aquel tiempo, el analista que le estaba tratando intentaba, aunque inútilmente, moverle a reconciliarse por fin con... su padre: su jefe no sería, en efecto, «más que» una imagen del padre y todo su resentimiento y sus irritaciones eran imputables precisamente a una imagen paterna. A lo largo de varios años, en que el paciente se había sometido a tratamiento, con una lucha denodada del psicoanalista para desvanecer las imágenes, ni por un momento se había planteado la cuestión de si realmente el jefe merecía el rechazo de que se le hacía objeto. Tampoco se había planteado si era aconsejable abandonar la carrera diplomática para abrazar otra profesión. Todo ello como si no hubiera nada que mereciese la pena de ser tenido en consideración, como si sólo exigiera toda la atención y el cuidado no lo imaginario, sino lo real. La verdad es que no había nada real que se antepusiera a estas imágenes, que ya se habían desvanecido desde hacía mucho tiempo en presencia del equipo constituido por el psicoanalista y el paciente: ni existía un jefe real, ni tampoco podía hablarse de un puesto diplomático realmente desempeñado; el mundo más allá de las imágenes no existía y, sin embargo, las tareas y las exigencias impuestas al paciente esperaban una solución. El psicoanálisis había conducido al paciente hasta una especie de imagen del hombre monadológica, porque el lenguaje analítico se centraba en exclusiva en aquella irreconciliable obstinación del paciente frente a la imago paterna. Y, sin embargo, no era nada difícil advertir que los servicios diplomáticos y la carrera del paciente habían —si así puedo decirlo— frustrado su voluntad de sentido. Apenas el paciente abandonó la carrera diplomática tuvo, al fin, ocasión de desarrollar sus verdaderas capacidades.

Pero nos queda por mencionar una tercera cosa: algo que va más allá de la voluntad de sentido y del sentido del sufrimiento. Nos queda por mencionar, para completar nuestras consideraciones sobre la imagen del hombre de la psicoterapia, la libertad de la voluntad. Esta pregunta nos arroja ya de lleno en el centro de la teoría metaclínica de toda psicoterapia, y teoría quiere decir visión, visión de una imagen del hombre. No se trata aquí de que nosotros, los médicos, intentemos introducir la medicina en la filosofía: son nuestros pacientes los que introducen en nuestra medicina su problemática filosófica.

Es evidente que el hombre está sometido a condicionamientos, ya sean biológicos, psicológicos o sociológicos. En este sentido no es libre, no está libre de condicionamientos y ni siquiera está libre de algo, sino que sólo es libre para algo, quiero decir, libre para adoptar su propia postura frente a todos los mencionados condicionamientos.

A nuestro entender, también el grado de libertad se adapta a una existencia psicótica. De hecho, también el hombre que sufre una depresión endógena puede oponerse a esta depresión. Permítaseme ilustrar lo dicho de la mano del extracto de una historia clínica que tengo por un documento humano. La paciente era una carmelita y en su diario fue anotando el curso de la enfermedad y de su tratamiento; nótese bien, de un tratamiento orien tado hacia la farmacoterapia, no a la logoterapia. Me limitaré aquí a la cita de un pasaje del mencionado diario: «La tristeza es mi constante compañera. Haga lo que haga, esta tristeza pone un peso de plomo en mi alma: ¿dónde están mis ideales, toda aquella grandeza y belleza, toda aquella bondad que fueron en otro tiempo mi anhelo? Mi corazón se halla paralizado por el hastío. Vivo como arrojada al vacío. Hay momentos en que hasta el dolor se me niega.» Nos hallamos, pues, ante los indicios de una *melancholia anaesthetica*. La paciente prosigue su descripción: «En este tormento, clamo a Dios, Padre de todos. Pero también Él calla. Sólo una cosa deseo: morir; morir hoy mismo, si fuera posible.» Y ahora se produce un giro radical: «Si no tuviera la conciencia creyente de que no soy dueña de mi vida, me habría arrojado ya muchas veces al vacío.» Y luego, triunfalmente, continúa: «En esta fe, comienza a transformarse toda la amargura del sufrimiento. Porque el que cree que la vida humana debe ser un avanzar de triunfo en triunfo, se parece al necio que, ante una construcción, menea la cabeza y se asombra de que se esté abriendo una zanja donde se quiere alzar una catedral. Dios se construye un templo en cada alma humana. Y, en mí, está ahora cavando los cimientos. Mi tarea consiste sólo en aguantar voluntariamente los golpes de su azada.»

Su confesor le había siempre amonestado que una buena cristiana no puede sufrir depresiones. Pero esto era predicar en el desierto, frente a la tendencia, tan característica de la depresión endógena, a los autorreproches. En realidad, la religiosidad no ofrece ninguna garantía contra las enfermedades neuróticas y ni siquiera contra las psicóticas. Y, a la inversa, tampoco el estar libre de neurosis es una garantía de que una persona sea religiosa. Dicho con otras palabras: sería precipitado admitir que estar libre de neurosis es ya una garantía más o menos automática de verdadera religiosidad. Y no sería menos prematuro admitir que una auténtica religiosidad protege frente a enfermedades neuróticas. En este sentido, ni la verdad hace libres, ni la libertad hace verdaderos.

Es obvio que el clínico sólo de cuando en cuando puede echar una ojeada —más al fondo de la superficie de lo psicótico— hasta la personalidad del enfermo, obstruida y ocultada por esta psicosis. No obstante, la práctica médica confirma una y otra vez lo que he calificado de mi credo psiquiátrico: la fe inconmovible en la personalidad espiritual, también de los enfermos psicóticos.

Séame permitido expresarme en términos concretos de la mano de un caso clínico: me trajeron cierta vez un hombre, de unos sesenta años, que padecía una deficiencia que en su estadio final derivaba a la esquizofrenia. Oía voces, es decir, sufría alucinaciones acústicas, era autista, no hacía en todo el día otra cosa que romper papeles y llevaba una vida al parecer totalmente carente de sentido. De querer atenernos a la división de tareas vitales establecida por Alfred Adler, el paciente de nuestro caso —a quien llamaban «idiota»— no cumplía ni una sola de ellas: no desempeñaba ninguna tarea, estaba excluido de la comunidad y se le había negado la actividad sexual, por no decir nada del amor y el matrimonio. Y, no obstante: ¡qué singular y curioso encanto emanaba de aquel hombre, del núcleo de su personalidad, no vulnerado por la psicosis! ¡Teníamos ante nosotros un gran señor! En el curso de la conversación se advertía que a veces estaba a punto de estallar en cólera, pero en el último momento siempre era capaz de dominarse. Una vez le pregunté más o menos lo siguiente: «¿Por amor a quién se domina usted?» Y me respondió: «Por amor a Dios...» Me vinieron a la memoria las palabras de Kierkegaard: «Incluso aunque la insania ponga ante mis ojos el hábito de bufón, siempre puedo salvar mi alma, si triunfa en mí mi amor a Dios.»

¿QUÉ OPINA EL PSIQUIATRA ACERCA DE LA LITERATURA MODERNA?[9]

Cuando se me pidió que diera una conferencia ante esta Asamblea, mi primera reacción fue bastante negativa. Vean ustedes, son tantos los representantes de la literatura contemporánea que escriben como aficionados sobre cuestiones de psiquiatría —aunque sea cultivando una forma ya periclitada de esta ciencia— que no me tentaba la idea de aumentar este número invadiendo, como psiquiatra, el campo de la literatura contemporánea.

A esto se añade que no puede darse por demostrado, ya de antemano, que la psiquiatría esté autorizada a adoptar una postura sobre este ámbito. No se dejen seducir ustedes por la idea de que la psiquiatría sea capaz de solucionar todos los problemas. Hasta el momento actual, los psiquiatras no sabemos, por ejemplo, cuál es la causa real de la esquizofrenia, y mucho menos, por supuesto, conocemos sus remedios. Los psiquiatras no somos ni omniscientes ni omnipotentes. El único atributo divino que se nos puede conceder es el de omnipresentes: tropezarán ustedes con un psiquíatra en cada simposio, escuchan su voz en todas las discusiones y se topan con él incluso en esta asamblea...

Y sin embargo, y hablando ya en serio, creo que es

preciso que llegue, al fin, el momento en que deje de supra-
valorarse, de *divinizarse* la *psiquiatría* y que haríamos mucho mejor si intentáramos humanizarla. Habría que comenzar por no poner en el mismo saco lo que hay de humano
en el hombre y lo que hay de enfermo. Dicho con otras
palabras, lo que se nos pide es un diagnóstico diferencial
entre un estado psíquico enfermizo y un estado de necesidad espiritual —aquella necesidad espiritual que surge, por
ejemplo, de la desesperación de un hombre ante la aparente falta de sentido de su existencia— y ¿quién podrá negar
que estamos mencionando aquí uno de los temas favoritos
de la literatura contemporánea?

En una carta a la princesa Bonaparte, Sigmund Freud
opinaba: «en el momento en que alguien se pregunta por
el sentido y el valor de la vida, está enfermo; lo único que
puede concederse es que se tiene una provisión de libido
insatisfecha.» Personalmente, me inclino más a creer que, al
plantearse tal pregunta, el hombre sólo demuestra una cosa:
que es hombre auténtico. Ningún animal se ha planteado
jamás la pregunta del sentido de su existencia. Ni siquiera
uno de los gansos de Konrad Lorenz. Es al hombre al que
atormenta esta pregunta. Con todo, no debe verse en ella el
síntoma de una neurosis, sino que yo la considero más bien
como una contribución humana. Es propio del hombre no
sólo preguntarse por el sentido de la vida, sino también poner en duda que tal sentido exista.

Pero es que incluso admitiendo que en algún caso
particular el autor de una obra literaria esté realmente enfermo —que sufre incluso de una psicosis y no tan sólo
de neurosis— ¿supone esto la más mínima objeción contra el valor y la verdad de su obra? Creo que no. *Dos más*

dos son cuatro, aunque sea un esquizofrénico quien lo dice. Y del mismo modo creo yo que no afecta para nada a la calidad poética de un Hölderlin y a la verdad de la filosofía de Nietzsche el hecho de que el primero padeciera de esquizofrenia y el segundo de parálisis cerebral. Estoy convencido, por el contrario, de que se seguirán leyendo las obras de Hölderlin y Nietzsche mucho tiempo después de que los nombres de los psiquiatras que han escrito volúmenes enteros sobre estos «casos» hayan sido sepultados en el olvido.

Pero aunque es bien cierto que la patología está muy lejos de decir nada contra el valor de una obra, no lo es menos que tampoco dice nada a favor de la misma. Admitido el caso de que un autor sea un enfermo psíquico, la importancia de su obra nunca ha surgido de su psicosis, sino a pesar de ella.

Últimamente se ha puesto de moda enjuiciar a la literatura no sólo desde una perspectiva psiquiátrica sino, más en concreto, desde una psicodinámica inconsciente sobre la que, al parecer, debería fundamentarse la literatura. Ocurre así que la llamada psicología profunda considera que su tarea principal consiste en desenmascarar las motivaciones ocultas o, respectivamente, reprimidas en el inconsciente. Y esto es válido también, por supuesto, respecto de la producción literaria. Lo que resulta, cuando una obra literaria es extendida en la cama de Procrustes, pueden ustedes colegirlo de la reseña de una obra en dos volúmenes sobre Goethe. Según esta reseña, escrita por uno de los más eminentes psicoanalistas y publicada en una revista americana, el autor va desplegando ante nosotros, «a lo largo de 1538 páginas, el cuadro de un genio dotado de las características de perturbación maníaco-depresiva, paranoica y epileptoide, de homosexualidad, incesto, voyeurismo, exhibicionismo, fetichismo, impotencia, narcisismo, neurosis obsesiva, histeria, manía de grandeza, etc. El autor parece limitarse casi exclusivamente a la dinámica instintiva que sirve de base a la obra artística. Nos quiere hacer creer que la obra de Goethe no es más que el resultado de fijaciones pregenitales. No lucharía por un ideal, por la belleza u otros valores, sino que en realidad sólo pretendería superar una eyaculación prematura.» ¿Les he prometido demasiado? Freud demostró poseer una gran sabiduría cuando, en una ocasión, opinó que no siempre es necesario interpretar un puro como un símbolo fálico, sino que a veces podría significar sencillamente un puro.

Yo diría que hay un punto en el que el desenmascaramiento debe hacer alto, a saber, exactamente allí donde el psicólogo se enfrenta con un fenómeno que no hay por qué desenmascarar, porque es auténtico. Si entonces nuestro psicólogo sigue empeñado en su tarea de desenmascarar, pone, en efecto, algo al descubierto, pero es su propio motivo inconsciente, que consiste en desvalorizar lo que hay de humano en el hombre.

Lo único que habría que preguntarse es por qué este desenmascaramiento resulta tan atractivo. A nuestros mediocres les causa, al parecer, contento, oír decir que a fin de cuentas Goethe era también un neurótico como tú y como yo, si es que me permiten decirlo así. (Y quien esté libre de neurosis al cien por cien, que tire la primera piedra.) Al parecer, y por algún extraño motivo, les resulta grato que se les diga que el hombre no es más que simple mono, campo de batalla del ello, el yo y el super yo, simple pelota de juego de los instintos, producto de procesos de aprendizaje, víctima de condicionamientos y circunstancias socioeconómicas que reciben el nombre de complejos.

Superando este determinismo y fatalismo, tan ampliamente difundidos, me escribía una vez una lectora de Alabama: «El único complejo que padezco es la idea de que, propiamente hablando, *debería* tener complejos. He dejado a mis espaldas una infancia miserable y, sin embargo, estoy convencida de que también de lo espantoso pueden surgir muchas cosas positivas.»

A mí me da la impresión de que el desenmascaramiento que pone en práctica, ya de antemano, el reduccionismo, con su frase estereotípica de «nada más que» proporciona a muchas gentes un declarado placer masoquista. A esto se añade que, como dice el psiquiatra londinense Brian Goodwin, «a la gente le hace bien que se le diga que no es más que esto o lo otro, del mismo modo que son muchos los que creen que una medicina, por el simple hecho de serlo, tiene que saber a rayos.»

Pero, volviendo de nuevo al tema del desenmascaramiento literario, podemos decir lo siguiente: Sea cual fuere el fenómeno a que el reduccionismo atribuye la producción literaria —ya sea un fenómeno normal o anormal, consciente o inconsciente— hoy existe una tendencia a interpretar la producción literaria como un acto de autoexposición. Opino, por el contrario, que todo escribir surge del hablar y todo hablar del pensar. Y no existe pensamiento sin algo pensado, sin algo a lo que referirse, dicho de una vez, sin un objeto. Y lo mismo cabe decir del escribir y del hablar, en cuanto que tienen un sentido, el sentido justamente de querer transmitir algo. Si el lenguaje no tiene un sentido, si no tiene ningún mensaje que comunicar, entonces ni siquiera es lenguaje. Es sencillamente inexacta la afirmación contenida en el título mismo de un libro muy conocido: «El medio es (en sí) el mensaje.» Por mi parte, me inclino más a creer que es cabalmente el mensaje lo que convierte al medio transmisor del mensaje en auténtico medio. De cualquier forma, el lenguaje es exposición de una realidad, es algo más que mera autoexposición. Con una excepción. Tal como he podido demostrar hace ya algunos años, uno de los rasgos esenciales del lenguaje de los esquizofrénicos es que no pueden referirse a un objeto, sino que es siempre, de hecho, sólo expresión de un estado. En cambio, el lenguaje de los hombres que están en su sano juicio se refiere siempre a un objeto, desborda la persona del que habla. Dicho en una palabra, el lenguaje se caracteriza por su autotrascendencia... Y lo mismo cabe afirmar, en términos generales, de la existencia humana. El ser humano está siempre referido a algo que no es él mismo; referido a algo o a alguien, a un sentido que el hombre cumple, o a otro ser humano que le sale al paso.

Esta autotrascendencia de la existencia humana puede explicarse perfectamente con el ejemplo del ojo. ¿No les ha llamado alguna vez la atención la paradoja de que la capacidad del ojo de ver el mundo depende de su incapacidad de verse a sí mismo? ¿Cuándo se ve el ojo a sí mismo o a una parte de sí mismo? Sólo cuando está enfermo. Si tengo un glaucoma, lo percibo bajo la forma de una nube. Veo entonces, en torno a las fuentes luminosas, un abanico de los colores del arco iris. De una y otra forma, en la medida en que el ojo ve algo de sí mismo, en esa misma medida queda perturbada la visión. El ojo ha de poder ignorarse a sí mismo. Exactamente igual ocurre con el hombre. Cuanto más se olvida de sí, cuanto más pasa por encima de sí, al entregarse a una causa o a otros hombres, más es él mismo hombre, más se realiza a sí mismo. Sólo el olvido de sí lleva a la *sensibilidad* y sólo la entrega de sí genera la *creatividad*. En razón de su autotrascendencia, el hombre es una esencia en busca de sentido. En el fondo, está dominado por una voluntad de sentido. Pero hoy esta voluntad de sentido está ampliamente frustrada. Son cada vez más numerosos los pacientes que acuden a nosotros, los psiquiatras, aquejados de un complejo de vacuidad. Este complejo ha llegado a convertirse en neurosis masiva. Hoy ya no sufre el hombre tanto (como en tiempos de Freud) bajo la frustración sexual, sino bajo la frustración existencial. Hoy no le aflige tanto como en la época de Alfred Adler el complejo de inferioridad, sino más bien un complejo de falta de sentido, acompañado de un sentimiento de vacuidad, de un vacío existencial. Si me preguntan cómo explico la génesis de este complejo de vacuidad, sólo puedo decir que, a diferencia del animal, al hombre no le dicta ningún instinto lo que *tiene que ser* y, a diferencia de los hombres de épocas pasadas, tampoco tiene tradiciones que le enseñen lo que *debe* ser. Al parecer, ya ni siquiera sabe lo que *quiere* ser. Y ocurre así que o bien sólo quiere lo que los otros hacen, y entonces nos hallamos ante el conformismo, o bien sólo hace lo que los otros quieren de él, y entonces nos enfrentamos con el totalitarismo.

Si no pareciera demasiado frívolo, añadiría que este complejo de vacuidad tiene algo que ver con el tema general de su Asamblea, en el sentido de que precisamente los treinta años de paz que se le han concedido al hombre de hoy le permiten el lujo de elevarse por encima de la lucha por la existencia, por encima de la mera subsistencia, para preguntarse por el para qué de la supervivencia, por el último sentido de la existencia. Dicho de otra forma, a estos tres decenios puede aplicárseles la frase de Ernst Bloch: «Los hombres reciben el regalo de preocupaciones que, de otra forma, sólo tendría en la hora de la muerte.»

Sea como fuere, el complejo de vacuidad es también el fundamento del auge generalizado de fenómenos tales como la agresividad, la criminalidad, el consumo de drogas y los suicidios, concretamente entre la juventud universitaria. No son pocas las obras de la literatura contemporánea que pueden interpretarse también como síntomas de la neurosis de masas. Precisamente cuando el escritor se limita a una mera autoexposición o se contenta con ella, este *exhibicionismo literario* que no dice nada, que sólo es expresión de sí mismo, es también y a la vez expresión del propio complejo de vacuidad, del complejo de falta de sentido. Más aún: no sólo se expresa, sino que se eleva hasta el primer plano la insensatez, la absurdidad. Cosa que es totalmente comprensible. En efecto, el auténtico sentido hay que descubrirlo, no puede inventarse. No puede fabricarse. No es confeccionable. Sí es, en cambio, confeccionable, manufacturable, el sinsentido, y de ello hacen generoso uso algunos escritores. Desbordados por el complejo de vacuidad, expuestos y entregados indefensos a un vacío total de sentido, se arrojan de cabeza a la aventura, para llenar su vacío con sinsentidos y absurdos.

Pero la literatura tiene una elección. No está obligada a ser tan sólo un síntoma de la actual neurosis masiva, sino que puede aportar también una contribución a la terapia. En efecto, precisamente los hombres que tuvieron que cruzar el infierno de la desesperación a través de la aparente falta de sentido de la existencia están llamados a ofrendar a otros hombres sus padecimientos. Justamente la autoexposición de su desesperación puede ayudar al lector —enfrentado también con el *sufrimiento de una vida sin sentido*— a superar su situación, aunque sólo sea porque advierte que no está solo. Es decir, a través de las páginas de un libro, puede conseguirse que el sentimiento de *absurdidad* se transforme en sentimiento de *solidaridad*. Y cuando esto ocurre, la alternativa no es ya «síntoma o terapia», sino que entonces el síntoma *es* terapia.

Sólo que, si la literatura ha de ejercer su *potencial terapéutico*, entonces debe renunciar a entregarse, en actitud sadomasoquista, al nihilismo y al cinismo. Aunque de una parte el escritor que comunica al lector y comparte con él su complejo de vacuidad puede provocar una reacción catártica, no deja, por otra, de actuar irresponsablemente cuando sólo pregona la insensatez de la existencia. Si el escritor no es capaz de *inmunizar* al lector contra la desesperación, al menos no debe *infectarle* con su propio nihilismo.

Damas y caballeros, mañana tendré el honor de pronunciar la conferencia inaugural de la Semana Austríaca del libro. He elegido para ella el siguiente título: «El libro como medio terapéutico.» En este contexto, expondré ante mis oyentes algunos ejemplos en los que un libro puesto en las manos de un lector ha influido decisivamente no sólo en su vida, sino en su desnuda y literal existencia, al conseguir disuadirle de un intento de suicidio. Conozco, como médico, algunos casos en los que un libro ha ayudado a personas en el lecho de muerte o en la celda de una cárcel. Y les contaré la historia de Aaron Mitchell.

El director del célebre penal de San Quintín, cerca de San Francisco, me invitó a dar una conferencia a los presos, todos ellos reos de graves delitos. Acabada la conferencia, se me acercó uno de los oyentes y me dijo que a los condenados a *death row*, recluidos en sus celdas en espera de la ejecución, no se les había permitido asistir a la conferencia. Me preguntó si no podría dirigir algunas palabras, al menos por micrófono, a uno de ellos, llamado Mitchell, que iba a ser ejecutado en la cámara de gas dentro de muy pocos días. Me sentí desamparado. Pero no podía rechazar aquella petición. Improvisé, pues, lo siguiente: «Créame usted, señor Mitchell, de alguna manera puedo entender su situación. En definitiva, yo también tuve que vivir, durante algún tiempo, bajo la sombra de una cámara de gas. Pero créame usted, señor Mitchell, ni siquiera entonces me abandonó un solo instante mi convicción de que sean cuales fueren las condiciones y las circunstancias, la vida tiene un sentido. Porque, o bien *tiene* realmente un sentido, y entonces tiene que conservarlo, por muy corta que la vida sea. O no tiene *ningún* sentido, y entonces no lo tendrá nunca, por mucho que dure. Hasta una vida al parecer fracasada puede llenarse de sentido retrospectivo, al elevarnos, mediante la autoconfesión, por encima de nosotros mismos.» ¿Y saben ustedes qué le conté a continuación al señor Mitchell? El relato de la muerte de Ivan Ilisch, tal como nos lo ha narrado Tolstoi. Ustedes la conocen: es el relato de la muerte de un hombre que, enfrentado con la realidad de que ya le quedaba muy poco tiempo, adquirió de pronto lúcida conciencia de cómo había disipado su vida. Pero precisamente esta idea le hizo crecer tanto en su interior que fue capaz de llenar de un sobreabundante sentido retrospectivo una vida al parecer tan insensata.

El señor Mitchell fue el último hombre ejecutado en la cámara de gas de San Quintín. Poco antes de su muerte concedió una entrevista al «San Francisco Chronicle», en la que se advierte con meridiana luz que había hecho suya, en todos los aspectos, la historia de la muerte de Ivan Ilisch. De todo lo dicho se desprende qué es lo que un libro puede dar al sencillo hombre de la calle en su camino, en el camino hacia la vida y en el camino hacia la muerte. Al mismo tiempo, se hace luz también sobre la incalculable responsabilidad social que recae sobre los escritores.

No me objeten que nosotros defendemos y propugnamos incondicionalmente la libertad de pensamiento y su manifestación de palabra y por escrito. Estoy en contra del «incondicionalmente». Libertad no es la palabra definitiva. La libertad puede degenerar en libertinaje, cuando no es vivida con responsabilidad.

Acaso ahora comprendan por qué he recomendado tan a menudo a mis estudiantes americanos que, junto a su estatua de la libertad, alcen otra a la responsabilidad.

NOTAS

Introducción

1. El texto que sigue responde a las ideas expuestas en las conferencias dadas en Varsovia, por invitación de la Sociedad polaca de psiquiatría, en el Aula de la Universidad de Zurich, por invitación de la Fundación Limmat, y en Munich, por invitación de la Fundación Carl-Friedrich-von-Siemens.

Hemos dado a esta introducción el título de «El sufrimiento de la vida sin sentido» porque en buena parte reproduce pasajes de dos conferencias con este mismo título. Del texto de la primera, celebrada en el Aula de la Universidad de Zurich, posee copias en *videotape* y *audiotape* la Fundación Limmat (Rosenbühlstrasse 32, CH-8044, Zurich). De la segunda ofrece reproducciones en *cassettes* la Fonoteca Austríaca (Webgasse 2a, A-1060, Viena), instituto dependiente del Ministerio de Ciencias. La Fundación Limmat lanzó además separatas de un artículo publicado en el «Schweizerischen Akademiker-und Studenten-Zeitung» con el título *El sufrimiento de la vida sin sentido*, basado en la copia, sin modificaciones, de la cinta magnetofónica.

2. En esta traducción se recurrirá en adelante a la expresión de «complejo de vacuidad» para traducir el alemán *Sinnlosigkeitsgefühl* (literalmente: sentimiento [o complejo] de falta de sentido), por las siguientes razones:

a) el término *Sinnlosigkeitsgefühl* empleado por el autor implica una cierta similitud de lenguaje con el de *Minderwertigkeitsgefühl*, ya aclimatado en español con la expresión de «complejo de

139

inferioridad». Parece, pues, aconsejable buscar para el primer concepto una expresión que ofrezca una parecida similitud en castellano;

b) aunque existen, obviamente, diferencias entre «complejo de falta de sentido» y «complejo de vacuidad», lo cierto es que ambas realidades son inseparables, hasta el punto de que el autor habla en este mismo pasaje de «vacío existencial». Lo mismo ocurre en otros numerosos pasajes de la presente obra. Parece, pues, lícito, hablar de un «complejo de vacío existencial», o, más resumidamente, de «complejo de futilidad» (existencia). — *N. del T.*

3. Tal como Diana Young pudo demostrar, con ayuda de tests y estadísticas, en su disertación doctoral para la Universidad de Berkeley, el complejo de vacuidad se halla significativamente más extendido entre los jóvenes que entre los adultos. Con ello aportaba un argumento a favor de nuestra teoría de que la pérdida de tradición es una de las dos causas de la génesis del complejo de vacuidad. En efecto, según esta teoría, el abandono de la tradición, tan característico entre los jóvenes, tiene que contribuir a intensificar el complejo de vacuidad.

4. Cosa que no tiene por qué maravillarnos, ya que sustentamos la opinión de que una persona que, a nivel consciente, no es religiosa, puede muy bien ser inconscientemente religiosa, aunque sólo sea en el más amplio sentido de la palabra, tal como lo fueron, por poner algunos ejemplos, Albert Einstein, Paul Tillich y Ludwig Wittgenstein (págs. 112-116).

Capítulo primero

5. El contenido de los diez capítulos de este libro fue expuesto en una serie de conferencias pronunciadas en el marco de la Semana de la Universidad de Salzburgo, en 1957, por invitación de su junta directiva.

6. Confusión entre *umbringen*, matar, y *unterbringen* (atender, asistir). Los ejemplos son innumerables en todas las lenguas. — *N. del T.*

Capítulo séptimo

7. Ofrecemos el texto original de la poesía:

Über Nacht, über Nacht kommen Freud und Leid,
Und eh' du's gedacht, verlassen dich beid'
Vnd gehen, dem Herrn sagen,
Wie du sie getragen.

Capítulo noveno

8. Conferencia pronunciada en el otoño de 1964 en el Congreso de Elmau, organizado por la Asociación «Medicina y Pastoral» de Stuttgart.

Apéndice

9. Conferencia pronunciada en inglés, el 18 de noviembre de 1975 con el título de *A Psychiatrist Looks at Literature* por invitación del PEN-Club Internacional.

SELECCIÓN BIBLIOGRÁFICA
SOBRE LOGOTERAPIA

Libros

Dienelt, Karl, *Von der Psychoanalyse zur Logotherapie*, Ernst Reinhardt, Múnich 1973.

Fabry, Joseph B., *La búsqueda de significado. La logoterapia aplicada a la vida*, Prólogo de Viktor E. Frankl, Ediciones LAG, México 2008.

Fizzotti, Eugenio, *De Freud a Frankl. Interrogantes sobre el vacío existencial*, Ediciones Universidad de Navarra, Pamplona 1981.

Frankl, Viktor E., *Psicoanálisis y existencialismo*, Fondo de Cultura Económica, México-Buenos Aires 2010.

—, *Um psychologo no campo de concentraçao*, Editorial Aster, Lisboa.

—, *Die Psychotherapie in der Praxis*, Viena, 1947; vers. cast.: *La psicoterapia en la práctica clínica*, Herder, Barcelona 2014.

—, *La presencia ignorada de Dios. Psicoterapia y religión*, Editorial Herder, Barcelona 2011.

—, *Logoterapia y análisis existencial (Textos de cinco décadas)*, Herder, Barcelona 2003.

—, *Teoría y terapia de las neurosis (Iniciación a la logoterapia y al análisis existencial)*, Herder, Barcelona 2008.

—, *La idea psicológica del hombre*, Ediciones Rialp, Madrid 1999.

—, *Fundamentos antropológicos de psicoterapia*, Zahar Editores, Río de Janeiro 1978.

—, *Trotzdem ja zum Leben sagen. Ein Psychologe erlebt das Konzentrationslager*, Kösel-Verlag, Múnich ⁹2009.

Selección bibliográfica sobre logoterapia

—, *Der Wille zurn Sinn*, Hans Huber, Berna 1978; vers. cast.: *La voluntad de sentido. Conferencias escogidas sobre logoterapia*, Herder, Barcelona 2008.

—, *Der leidende Mensch. Anthropologische Grundlagen der Psychotherapie*, Hans Huber, Berna ³2005.

—, *Psychotherapie für den Laien*, Herder, Friburgo de B. 1978; vers. cast.: *La psicoterapia al alcance de todos*, Herder, Barcelona ⁶2007.

—, *Das Leiden am sinnlosen Leben*, Herder, Friburgo de Brisgovia 1978; vers. cast.: *Ante el vacío existencial*, Herder, Barcelona, 1980.

—, *Man's Search for Meaning*, Simon and Schuster, Nueva York 1978; versión castellana: *Hombre en busca de sentido*, Herder, Barcelona ²2004.

—, *Psychotherapy and Existentialism. Selected Papers on Logotherapy*, Simon and Schuster, Nueva York, y Souvenir Press, Londres 1967-1985; vers. cast.: *Psicoterapia y existencialismo*, Herder, Barcelona ²2011.

—, *The Will to Meaning: Foundations and Applications of Logotherapy*, Nueva York, New American Library, (Paperback Reissue/Expanded edition 1989); vers. cast.: *Fundamentos y aplicaciones de la logoterapia*, Herder, Barcelona 2012.

—, *The Unheard Cry for Meaning. Psychotherapy and Humanism*, Simon and Schuster, Nueva York, y Hodder and Stoughton, Londres 1978-1988.

Leslie, Robert C.: *Jesus and Logotherapy: The Ministry of Jesus as Interpreted Through the Psychotherapy of Viktor Frankl*, Nueva York-Nashville, Abdington Press 1968. Reimpresión Festival Book Edition con nuevo título: *Jesus As Counselor*, Abingdon Press 1982.

Takashima, Hiroshi, *Psychosomatic Medecine and Logotherapy*, Gabor Science Publications, Oceanside, Nueva York 1977.

Tweedie, Donald F., *Logotherapy and the Christian Faith*, Baker Book House, Grand Rapids, Michigan 1972.

Capítulos de libros

Bazzi, Tullio, «Consideraciones acerca de las limitaciones y las contraindicaciones de la logoterapia», en *IV Congreso Internacional de Psicoterapia*, Editorial Scientia, Barcelona 1958.

Ascher, L. Michael, «Paradoxical Intention. An Experimental Investigation», en *Handbook of Behavioral Interventions*, John Wiley, Nueva York 1980.

144

Frankl, Viktor E., «Análisis existencial y logoterapia», en *IV Congreso Internacional de Psicoterapia*, Editorial Scientia, Barcelona 1958.

—, «Logoterapia y religión», en *Psicoterapia y experiencia religiosa*, Ediciones Sígueme, Salamanca 1967.

—, «Reductionism and Nihilism», en *Beyond Reductionism*, Arthur Koestler (ed.), Macmillan, Nueva York 1970.

—, «Die Sinnfrage in der Psychotherapie», en *Suche nach Sinn*, Styria, Graz (Austria) 1978.

Keppe, Norberto R., «Logoterapia», en *A medicina da almo*, Hemus, San Pablo 1967.

Mira y López, Emilio, «La psicoterapia existencial de Frankl», en *Psiquiatría*, Librería El Ateneo, Buenos Aires 1955.

—, «La logoterapia de V. Frankl», en *Doctrinas psicoanalíticas*, Editorial Kapelusz, Buenos Aires 1963.

Artículos periodísticos

Ascher, L. Michael, *Employing Paradoxical Intention in the Behavioral Treatment*, «Scandinavian Journal of Behavior Therapy» 6 (1977) 28.

—, y Jay S. Efran, *Use of Paradoxical Intention in a Behavior Program for Sleep Onset Insomnia*, «Journal of Consulting and Clinical Psychology», 46 (1978), 547-550.

Broggi i Guerra, Francesc, *El concepte de naturalesa humana segons l'analisi existencial de Frankl*, en «Annals de Medicina» 65 (1979) 641.

Fabry, Joseph B., *Aspects and Prospects of Logotherapy: A Dialogue with Viktor Frankl*, «The International Forum for Logotherapy» 1 (1978) 3.

Frankl, Viktor E., *Dimensiones del existir humano*, «Diálogo» 1 (1954) 53.

—, *Logos y existencia en psicoterapia*, «Revista de Psiquiatría y psicología médica de Europa y América Latina» 2 (1955) 153.

—, *Análisis existencial y logoterapia*, «Revista de psiquiatría y psicología médica de Europa y América Latina» 4 (1959) 42.

—, *Reintegración de la psicoterapia a la medicina*, «Panorama médico», enero de 1963 6.

—, *Problemas de actualidad en psicoterapia*, «Psicología Industrial» 5 (1965) 13.

—, *Labirintos do pensamento psicoterapéutico*, «Humboldt. Revista para o mundo luso-brasileiro» 6 (1966) 81.

Selección bibliográfica sobre logoterapia

—, *Dar un sentido a la vida*, «La actualidad española», 21/11/1968.

—, *A logoterapia e o seu emprego clínico*, «Servicio Bibliográfico Roche» 38 (1970) 29.

—, *La logoterapia y su uso clínico*, «Servicio Bibliográfico Roche» 38 (1970) 53.

—, *O vazio existencial*, «Servicio Bibliográfico Roche» 41 (1973) 9 y 13.

—, *El sentimiento de la falta de sentido: un desafío a la psicoterapia*, «Sociedad Argentina Asesora en Salud Mental» (1974) 22.

Idoate, Florentino, *El análisis existencial de Viktor E. Frankl*, «Revista de Filosofía de la Universidad de Costa Rica» 2 (1960) 263.

Keppe, Norberto R., *Analise existencial - Logoterapia*, «Arquivos» (Universidad de Sao Paulo) 1 23.

Meseguer, Pedro, *El análisis existencial y la logoterapia de Viktor Frankl*, «Razón y Fe» 1952 582.

Musso, Vanni, *Terceira Escola Viennese*, «Folha de Tarde», 1/3/1974 4.

Pelegrina, Héctor E., *Viktor Frankl en la Universidad de Navarra*, «Revista: "LOGO: teoría, terapia, actitud"», Buenos Aires, Año XV, 28 (1999) 17

Solyom, L., *Paradoxical Intention in the Treatment of Obsessive Thoughts. A Pilot Study*, «Comprehensive Psychiatry» 13 (1972) 291.

Vaca, C., *Acerca del análisis existencial*, «Revista de Espiritualidad» 18 (1959) 229.

Películas y cintas magnetofónicas

Frankl, Viktor E., *Logotherapy*, una película producida por University of Oklahoma Medical School, Department of Psychiatry, Neurology, and Behavioral Sciences.

—, *Frankl and the Search for Meaning*, una película producida por Psychological Films, 110 North Wheeler Street, Orange, California 92669.

—, *Youth in Search of Meaning*, a videotape produced by the Youth Corps and Metro Cable Television. Contact: Youth Corps, 56 Bond Street, Toronto, Ontario M5B 1X2, Canada.

—, *Youth in Search of Meaning*, an audiotape produced by the Youth Corps, 56 Bond Street, Toronto, Ontario M5B 1X2, Canada. Available on reel-to-reel or cassette. $7.50.

—, *Therapy through Meaning*, cinta magnetofónica producida por Psychotherapy Tape Library, 59 Fourth Avenue, Nueva York 1003.

—, *Existential Psychotherapy*, two cassettes. The Center for Casette Studies, 8110 Webb Avenue, North Hollywood, California 91605.

ÍNDICE DE AUTORES CITADOS

ÍNDICE DE CONCEPTOS

Sudar 63s 68
Sueño 42 48
Sufrimiento 34s 37 93-99 105ss 110s
  capacidad de 93 102s
Sugestión 49s
Suicidio 12s 88 134
Suprasentido 106 110 114

Teatro del absurdo 30 134s
Técnica 51
Temblor 64s
Temor expectante 60 74
Teodicea 106
Terapéutica del comportamiento 54 71s
Terapia breve 72
Test 12 15
Tic 65s

Tiempo libre 35s 88ss
Tolerancia 32
Totalitarismo 11 32 133
Tradición 11 29 133
Trágica, tríada 35
Transferencia 51
Trauma 48 73
Tríada trágica 35
  Tristeza 98

Vacío existencial véase Frustración existencial
Valor 93 95s
Verdad 31 128s
Voluntad
  dc dinero 89
  de placer 82ss
  de sentido 13 15-18 28 35 81s 84 89-92 113s 122s 133